UNA IDEA ORIGINAL DE MYA PAGÁN

Este libro es un trabajo creativo en el cual se representan las vivencias de mujeres puertorriqueñas que fueron y son pioneras y agentes de cambio positivo. No es una obra académica. Sus historias han sido tratadas con respeto y cariño. ELLAS quiere ser un homenaje a cada una de ellas.

ASESORÍA EDITORIAL:
Enery López Navarrete
Laura Rexach Olivencia
Mariola Rosario Padró

CONTRIBUIDORAS:
Ariana Isabel Vega Vargas
Gabriela Victoria Hernández Fuentes
Natalia Irizarry Rodríguez

CORRECCIÓN DE TEXTO:
Cristel M. Jusino Díaz

DISEÑO Y DIAGRAMACIÓN:
Rosalía Ortiz Luquis

ISBN: 978-1-7320731-5-9

Impreso en Colombia por Editorial Nomos S.A.

www.editorialdestellos.com

Este libro va dedicado a todas las niñas y mujeres que han luchado y siguen luchando por la igualdad.

This book is dedicated to all the girls and women who have fought and continue to fight for equality.

PRÓLOGO

Este libro es inspirado por, y escrito para, todas las niñas y niños de Puerto Rico que han crecido con una laguna en sus libros de historia. A través de toda nuestra historia escrita, la mujer puertorriqueña ha tenido un rol innegablemente importante en la sociedad boricua. Sin embargo, son pocas las que han sido incluidas en nuestros anales de historia. Estas pioneras han sido relegadas a memorias distantes, historias orales que se van perdiendo, mencionadas quizás en textos obsoletos que no hacen justicia a la envergadura de sus aportaciones. Este libro busca insertar a estas mujeres nuevamente dentro de la conciencia nacional puertorriqueña como ejemplos a seguir para nuestras generaciones jóvenes y futuras.

Ellas fueron pioneras, fueron agentes de cambio, fueron las primeras en hacer muchas cosas que la sociedad les decía que no podían hacer. Ellas fueron desafiantes, cuestionaron las fuentes de autoridad. Ellas fueron valientes, fueron asertivas. Ellas fueron personas que no se sintieron avergonzadas de quiénes eran, de cómo eran, de lo que querían lograr. Ellas lucharon por la equidad, por los derechos de las poblaciones más vulnerables. Ellas abrieron camino para quienes les siguieron sus huellas.

Ellas son de muchas edades, de distintos trasfondos y circunstancias sociales, de diferentes orientaciones sexuales e identidades de género, de distintas ideologías políticas y creencias religiosas. Pero todas, fueron ELLA.

PROLOGUE

*T*his book was inspired by, and written for, all the Puerto Rican children that grew up with incomplete history books. Throughout our history, Puerto Rican women have been an undeniably important part of Boricua society. However, we've only been able to read about very few of them in our history books. These pioneers have been relegated to distant memories, to oral histories in danger of being lost. They're maybe mentioned in obsolete books that don't do justice to their accomplishments. This book wants to restore these women's place in our national consciousness and promote them as role models for younger generations.

These women were pioneers, they were agents of change. Ellas were the first women to do things that society had told them they could not do. Ellas were defiant, they questioned authority, they were brave and assertive. Ellas were never ashamed of who they were or what they wanted to achieve. Ellas fought for equality and for the rights of the most vulnerable communities. Ellas were trailblazers.

Ellas were old and young, they came from diverse socioeconomic backgrounds, had different gender identities and sexual orientations, had different political and religious beliefs. More importantly, they were all ELLA.

CONTENIDO

ADOLFINA VILLANUEVA OSORIO

c. 1946-1980

En el barrio Tocones de Loíza, recuerdan a Adolfina Villanueva Osorio como un símbolo de la lucha por la defensa de nuestras tierras. Adolfina murió defendiendo su derecho a vivir en la parcela donde residía junto a su esposo y seis hijos. Mujer negra, madre de familia, y de escasos recursos, Adolfina se vio obligada a abandonar el hogar donde sus antepasados habían vivido por casi un siglo debido a que su terreno resultaba perfecto para la construcción de una nueva y lujosa propiedad. El 6 de febrero de 1980 en Medianía Alta en Loíza, la policía intentó sacar a la familia de Adolfina de su hogar a fuerzas de disparos y gases tóxicos. Con apenas 34 años de edad, Adolfina perdió su vida a causa de una bala disparada por la policía. Hoy día, a pesar de intentos de construir sobre el terreno, personas de la comunidad del barrio Tocones han resistido para que la tierra permanezca intacta, en honor a la memoria de esta gran luchadora.

In Loíza's Tocones barrio, Adolfina Villanueva Osorio is remembered as a symbol of the fight for the defense of our lands. Adolfina died defending her right to live on the plot of land where she resided with her husband and six children. A Black woman, mother, and of low economic resources, Adolfina was forced to abandon the home where her ancestors had lived for almost a century because the land was considered an ideal place to construct a new luxury property. On February 6th, 1980, in Medianía Alta in Loíza, the police tried to remove the family from their home by force, using firearms and toxic gases. Only 34 years old, Adolfina lost her life when she was shot by the police. To this day, despite efforts to build on the plot, people from the Tocones community have resisted attempts at building on that parcel, keeping the land intact in honor of the memory of this incredible fighter.

ALICE CHÉVERES

*a*lice Chéveres es miembro de una de las últimas familias descendientes directos de taínos en Puerto Rico. Alice y su familia viven en el área de Barahona, Morovis, en el barrio Torrecillas, donde han sido guardianes de la cultura taína a través de sus costumbres, y especialmente, a través de la artesanía en barro. Siguiendo los pasos que llevaban a cabo los taínos hace más de 500 años, Alice crea vasijas en barro al estilo auténtico taíno. Mientras otros artesanos utilizan barro procesado en fábricas, tornos y herramientas de origen europeo y hornos industriales, Alice utiliza barro extraído en su mismo pueblo de Morovis y cocina sus creaciones en un horno de leña que ella misma prepara. Alice ha hecho artesanías taínas por más de treinta años y ha asistido a ferias por todo Puerto Rico y Estados Unidos. También ofrece clases de cerámica en barro en su hogar en el Barrio Cabachuelas donde tiene estudiantes que viajan desde Ponce, Jayuya y San Juan. La labor de Alice ha sido muy importante para preservar la herencia taína de nuestro pueblo.

*a*lice Chéveres is a member of one of the last families left in Puerto Rico that are direct descendants of Taíno indians. Alice and her family live in Barahona, Morovis, in the Torrecillas barrio, where they have been guardians of the taíno culture through their customs and, especially, their clay sculpture and pottery. Following 500-year old ancient taíno methods, Alice makes clay pots in authentic taíno style. Whereas other artisans use clay processed in factories, pottery wheels, tools of European origin, and industrial ovens, Alice uses clay extracted from her hometown of Morovis, and cooks her pottery in an open wood fire that she prepares. Alice has been making clay pottery and sculptures for over thirty years, and she goes to fairs all over Puerto Rico and the United States. Alice also offers pottery classes in her home in Barrio Cabachuelas where she has students that travel all the way from Ponce, Jayuya and San Juan. Alice's work has been crucial for the preservation of Puerto Rico's taíno heritage.

ALICIA MOREDA TUYA

1912-1985

nacida en Mayagüez de padre y madre españoles, Alicia Moreda Tuya fue una actriz de telenovelas, comedias y pionera en la industria de televisión en Puerto Rico. Desde joven tuvo un dominio fácil del escenario, siendo reconocida durante sus años escolares por ser excelente declamadora. El espíritu dramático definía su personalidad. En varias ocasiones se le escuchó decir que quería ser monja, y hasta logró convencer a sus compañeros de clase que era española, por lo que se le atribuye el apodo de "La Gallega". Con la llegada de la televisión en 1954, Alicia fue una de las actrices que salió en el primer programa televisivo que se emitió en Puerto Rico. Entre sus películas más reconocidas está Romance en Puerto Rico (1962) donde actuó junto a José Miguel Agrelot, Bobby Capó y Luis Vigoreaux. Alicia fue una mujer talentosa, decidida y con una personalidad única. Siempre cargaba con las banderas de España y Puerto Rico porque decía: "Si muero, quiero que me entierren con mis dos banderas". Y así fue. El 13 de junio de 1985, al fallecer de causas naturales, fue enterrada con sus dos banderas en el Cementerio municipal de Mayagüez. Su tumba lee: "Si volviera a nacer, a pesar de todos los pesares, volvería a ser actriz".

born in Mayagüez to Spanish parents, Alicia Moreda Tuya was a telenovela and comedy actress, and a pioneer in the Puerto Rican television industry. From a young age, she had great stage presence and was recognized during her school years as an eloquent reciter. That dramatic spirit infused her personality. She was known to say she wanted to be a nun when she grew up, and even managed to convince her classmates that she had been born in Spain, earning the nickname "La Gallega". With the arrival of television in 1954, Alicia was one of the actresses who first appeared on the small screen in Puerto Rico. One of her most famous films is Romance in Puerto Rico (1962) where she acted alongside José Miguel Agrelot, Bobby Capó, and Luis Vigoreaux. Alicia was a talented, determined woman with a unique personality. She always carried the Spanish and Puerto Rican flags because she said: "If I die, I want to be buried with both of my countries' flags". And so it was. On June 13, 1985, after passing away from natural causes, she was buried with both flags in the Municipal Cemetery of Mayagüez. Her tombstone reads: "If I were to be born again, despite all the sorrows, I would still become an actress."

19

AMANDA SERRANO

1988-

*L*a única boxeadora en el mundo —en categoría masculina o femenina—en ganar siete títulos en siete divisiones distintas es la puertorriqueña Amanda Serrano. Amanda lleva diez años boxeando y ha superado en cantidad de títulos a íconos boricuas del boxeo como Miguel Cotto, Tito Trinidad, y Héctor "Macho" Camacho. No cabe duda, Amanda Serrano es de lo mejor en la historia del boxeo puertorriqueño. Amanda comenzó a interesarse en el deporte porque su hermana mayor, Cindy Serrano, había logrado una carrera exitosa en el deporte y quiso seguirle los pasos. Para intentar desanimar a Amanda del boxeo, Cindy la invitó a combatir en el cuadrilátero con la intención de darle tremenda paliza, pero Amanda resistió y logró darle una buena pelea. Esto sólo hizo que Amanda quisiera seguir entrenando y trabajando duro para lograr victorias como su hermana. Hoy, con treinta años, puede decir eso y más. Amanda "The Real Deal" Serrano, además de contar con victorias en los deportes del boxeo, jiu-jitsu y artes marciales mixtas, goza desde el 2019 del título de Súper Campeona de la Organización Mundial del Boxeo y del título interino de peso de pluma del Consejo Mundial del Boxeo. Amanda y su hermana Cindy son las únicas hermanas en ser campeonas mundiales simultáneamente en la historia del deporte del boxeo.

*T*he only boxer in the world —male or female— to win seven titles in seven different weight divisions is Puerto Rican Amanda Serrano. Amanda's been boxing for ten years and has surpassed Boricua boxing icons such as Miguel Cotto, Tito Trinidad, and Héctor "Macho" Camacho in the number of boxing titles won. Amanda began to develop an interest in boxing because of her older sister, Cindy Serrano, who had achieved a successful career in the sport. To try to discourage Amanda from boxing, Cindy invited her to the ring with the intention of giving her a beating, but Amanda resisted and managed to give her sister a good fight. This only encouraged Amanda to keep training and to work hard to attain victories, just like her sister. Today, thirty-year-old Amanda can say that and more. Amanda "The Real Deal" Serrano, alongside her victories in boxing, jiu-jitsu and mixed martial arts, is the World Boxing Organization Super Champion and has the featherweight interim title from the World Boxing Council since 2019. Amanda and her sister Cindy are the only sisters in the history of the sport of boxing to be simultaneous world champions.

ANA FINCH MATEO

c. 1957-

*L*a doctora ponceña Ana Finch es la primera mujer puertorriqueña, negra e hispana en estudiar cardiología pediátrica en Estados Unidos. Luego de realizar sus estudios médicos en la Escuela de Medicina San Juan Bautista en Caguas y hacer su residencia en el Hospital Distrito de Ponce, se trasladó al Buffalo Children's Hospital en Búfalo, Nueva York en el 1988. La Dra. Ana Finch se enfrentó a muchos retos al ser la única mujer en el grupo de médicos residentes. Era la única mujer en el cuarto de casilleros donde los médicos se cambiaban de ropa antes de sus turnos. La mayoría del cuerpo de enfermería eran mujeres y, al principio, tardaron en tenerle confianza a la doctora. Incluso, las propias mujeres pacientes expresaron desconfianza hacia ella. Sin embargo, poco a poco, la Dra. Ana Finch demostró su conocimiento y adquirió el respeto de sus pacientes y colegas por igual. Hoy día, la Dra. Finch atiende a pacientes en su oficina en Ponce y aboga constantemente por el avance de la cardiología pediátrica en la isla.

*D*r. Ana Finch is the first Puerto Rican, Black, and Hispanic woman to study pediatric cardiology in the United States. After studying medicine at the San Juan Bautista School of Medicine in Caguas and finishing her residency at the Ponce District Hospital, she transferred to the Buffalo Children's Hospital in Buffalo, New York in 1988. Dr. Ana Finch faced a lot of challenges as the only woman in a group of male resident doctors. She was the only woman in the locker room where the doctors changed their clothes before their shifts. The majority of the nurses at the hospital were women who, at first, did not trust Dr. Finch for being a female doctor. Even Dr. Finch's female patients expressed distrust. But as she demonstrated her knowledge, she began to gain the respect of both her patients and colleagues. Currently, Dr. Finch treats patients in her office in Ponce and constantly advocates for the advancement of pediatric cardiology on the island.

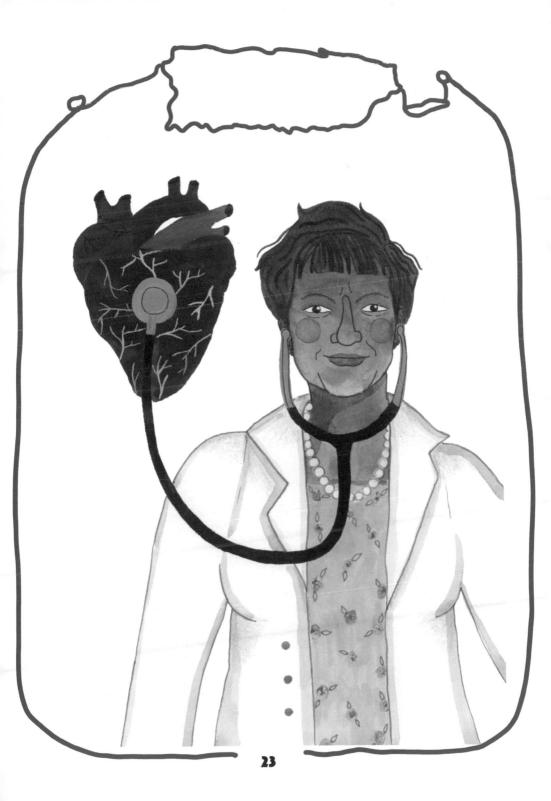

ANA IRMA RIVERA LASSÉN

1955-

*a*na Irma Rivera Lassén tenía cuatro años cuando se dio cuenta que la sociedad trataba de modo muy diferente a los hombres y a las mujeres. Al pedirle a sus padres un triciclo de regalo de Navidad y ver que su hermano menor lo recibió y ella no, le cuestionó a su madre, quien le dijo "las niñas no corren triciclos". En ese momento, Ana Irma decidió luchar contra esa postura y demostrar que las niñas podían hacer cualquier cosa que los niños hicieran. A lo largo de sus estudios escolares y universitarios, siempre sintió preferencia por el tema de los derechos de las mujeres y se consideró una activista feminista. En 1971, formó la primera organización feminista en Puerto Rico, Mujer, intégrate ahora. Cuando se hizo abogada, defendió públicamente los derechos de las mujeres, de las comunidades LGBTT+ y asuntos de discriminación racial. Fue la primera mujer negra y la primera persona abiertamente homosexual en presidir el Colegio de Abogados y Abogadas de Puerto Rico. Luego de años como abogada y activista, Ana Irma Rivera Lassén fundó el Movimiento Victoria Ciudadana. La meta de Ana Irma para el futuro partido es "tratar de rescatar al país, a las instituciones, combatir la corrupción y combatir la colonia de Puerto Rico."

*a*na Irma Rivera Lassén was four years old when she realized society treated women very differently from men. After asking her parents for a tricycle for Christmas and seeing her baby brother get it instead of her, she questioned her mother, who told her: "Little girls don't ride tricycles". At that moment, Ana Irma vowed to fight that view and prove that girls could do anything that boys did. At school and at university, Ana Irma always preferred topics related to advancing women's rights and she considered herself a feminist activist. In 1971, she founded the first feminist organization in Puerto Rico "Mujer, intégrate ahora" (Woman, integrate now). When she became a lawyer, she publicly defended women's and LGBTT+ civil rights and fought against racial discrimination. She was the first Black woman and first openly gay person to preside the Puerto Rico College of Lawyers. After years as a lawyer and activist, Ana Irma Rivera Lassén founded the Citizens Victory Movement. Ana Irma's goal with the future political party is "to try to rescue the country, its institutions, fight corruption, and fight Puerto Rico's colonial status".

ANA JUDITH ROMÁN GARCÍA

ana Judith Román, nacida y criada en Río Piedras, se graduó de la escuela pública Vila Mayo y fue aceptada en el programa de pre-medicina de la Universidad de Puerto Rico. Tiene el honor de decir que fue la primera neuróloga en la isla. Su pasión por la medicina surgió luego de que su padre sufriera un paro cardíaco; esa experiencia la marcó y supo que se dedicaría a la medicina por el resto de su vida. Para cumplir su sueño tuvo que irse de Puerto Rico, ya que aún no había escuela de medicina en la isla. Al regresar a Puerto Rico, se topó con que se le hacía difícil comunicarse con sus colegas puertorriqueños porque ellos conocían los términos médicos en inglés mientras que ella los dominaba en francés. Pero esto no la detuvo y volvió a aprender todo en inglés. Un día recibió una carta de la Universidad de Harvard invitándola a especializarse en neurofisiología. Hoy día, la Dra. Ana Judith cuenta con tres especialidades médicas, ha recibido numerosos premios en Europa, y actualmente es profesora en el Recinto de Ciencias Médicas, donde comparte su gran conocimiento con la futura generación de doctores.

ana Judith Román, born and raised in Río Piedras, graduated from the Vila Mayo public school, and attended the pre-medical program at the University of Puerto Rico. Today she can say that she was the first female neurologist on the island. Her passion for medicine arose when her father suffered a heart attack; that moment marked her for life, and she knew she would dedicate herself to medicine for the rest of her life. However, she had to leave Puerto Rico to follow her dreams. She traveled to France with a group of students to continue her studies. Upon returning, she realized she had difficulty communicating with her Puerto Rican colleagues because they knew all the medical terms in English while she had mastered them in French. But that didn't stop her, and she learned the terms all over again, this time in English. One fateful day, Harvard University invited her to attend that prestigious institution to specialize in neurophysiology. Today, Dr. Ana Judith has three medical specialties, has received numerous prizes from all over Europe, and currently teaches in the Medical School of the University of Puerto Rico, where she shares her impressive knowledge with the future generation of doctors.

ANA MARÍA O'NEILL
1894-1981

*a*na María O'Neill fue educadora, escritora, defensora de los derechos de las mujeres y pionera del movimiento cooperativista en la Isla. Ana María estudió en lo que antes era la Escuela Normal de la Universidad de Puerto Rico y se graduó para ser maestra. Continuó sus estudios en la Universidad de Columbia en Nueva York y, al regresar a Puerto Rico, fue profesora en la Universidad de Puerto Rico y directora de los departamentos de Español y Ética Comercial. Ana María O'Neill fue fiel defensora del voto femenino y fundó el Bloque de Mujeres No Partidistas. Ana tenía unos valores humanos de igualdad admirables; también fundó la Asociación para la Protección y Defensa del Niño. Además, abogó con entusiasmo por las ideas del cooperativismo, logrando sentar firmemente la presencia de cooperativas por todo Puerto Rico hasta el día de hoy.

*a*na María O'Neill was an educator, writer, advocate for women's rights, and a pioneer in the cooperativism movement in the island. Ana María studied in what used to be the Normal School of the University of Puerto Rico, from where she graduated to become a teacher. She continued her studies at Columbia University in New York and, after returning to Puerto Rico, was a professor at the University of Puerto Rico, where she was director of the Spanish and Commercial Ethics departments. She was a fierce defender of the female vote and founded the Non-Partisan Women's Block. Ana had admirable human values of equality; she founded the Association for the Protection and Defense of Children. She was also a fierce advocate of cooperativism, leading to the strong presence of cooperatives in Puerto Rico to this day.

ANA ROQUE DE DUPREY

1853-1933

*a*na Roque de Duprey es conocida por ser una de las líderes más importantes en el movimiento del voto femenino en Puerto Rico. Gracias a su activismo—fundó los primeros periódicos manejados por mujeres y creó la primera Asociación de Mujeres Sufragistas en 1924—hoy día las mujeres en Puerto Rico pueden votar. Pero algo que quizás algunos no conocen sobre Ana es que fue una niña prodigio. Ana aprendió a leer y escribir a los tres años, fue maestra asistente a los once años, y a los trece escribió un libro de geografía y dio clases de matemáticas como maestra de escuela elemental. Ana fue vivo ejemplo de que las mujeres son igual de capaces que los hombres. A lo largo de su vida aprendió diversos idiomas, se destacó en las matemáticas avanzadas, publicó más de treinta novelas, y realizó estudios astronómicos con el telescopio que tenía en el techo de su hogar. Cuando finalmente en Puerto Rico las mujeres consiguieron su derecho al voto, Ana Roque de Duprey emitió su voto por primera vez a los 79 años. Sin embargo, al no haberse registrado antes, su voto no se pudo contar.

*a*na Roque de Duprey is recognized for being one of the most important leaders in the women's suffrage movement in Puerto Rico. Because of her relentless activism—she founded the first female-led newspapers and the first Women's Suffrage Association in 1924—women in Puerto Rico can vote today. But perhaps something many people don't know about Ana is that she was a child genius. She learned to read and write at the age of three, at eleven was a teacher's assistant, and at thirteen wrote a geography book and taught math as an elementary school teacher. Ana was a living example of the fact that women and men are completely equal. Throughout her life she learned different languages, excelled in advanced mathematics, published more than thirty novels, and did astronomical studies with the telescope she had on the roof of her home. Finally, when women in Puerto Rico achieved their right to vote, Ana Roque de Duprey voted for the first time at 79 years of age. However, since she hadn't registered beforehand, her vote could not be counted.

ÁNGELAMARÍA DÁVILA

1944-2003

*á*ngelamaría Dávila fue y es una de las poetas más respetadas de Puerto Rico. Fue un miembro importante de la Generación del 60, un grupo de jóvenes escritores y artistas en la década del 1960. Compartían en actividades culturales y universitarias y hacían tertulias en sus hogares donde escribían poesía y discutían arte y literatura. Ángelamaría Dávila fue una poeta afrocaribeña que trabajaba los temas del amor, su identidad racial y su experiencia como puertorriqueña. Expresaba en sus poemas un amor intenso, fuerza en la identidad negra y el poder en ser mujer. Durante su vida publicó dos poemarios muy preciados de la literatura puertorriqueña: *Homenaje al ombligo* (1966) y *Animal tierno y fiero* (1977). Luego de su muerte, el Instituto de Cultura Puertorriqueño publicó su último poemario, *La querencia*.

*á*ngelamaría Dávila was and still is one of Puerto Rico's most respected female poets. She was an important member of the "60's Generation", a group of influential young writers and artists in the 1960s. They met in cultural and university events and had bohemian gatherings in their homes where they wrote poetry and discussed art and literature. Ángelamaría Dávila was an Afro Caribbean poet who wrote about love, her racial identity and her experience as a Puerto Rican. Through her poems, she expressed her intense love, the strength in blackness, and her power as a woman. Throughout her life, she published two poetry books which are both cherished in Puerto Rican literature: Homenaje al ombligo (1966) and Animal tierno y fiero (1977). After her death, the Institute of Puerto Rican Culture published her last book, La querencia.

33

ANGELITA LIND

1959-

*L*a segunda de cuatro hermanos, Angelita se crió jugando a las orillas del Lago de Patillas. En los días de juego de su escuela intermedia, en aquel momento conocida como la Pedro Cintrón Sierra, a Angelita le encantaba participar en la competencia del salto a lo largo, evento que siempre ganaba. Es desde el séptimo grado que se reconoce en Angelita un gran talento en el deporte del atletismo. Durante el resto de sus estudios en escuela intermedia y superior, Angelita continuó entrenando y compitiendo en atletismo y comenzó a ser reconocida como atleta durante su carrera universitaria en la Universidad Interamericana Recinto de San Germán. Como estudiante, ganó todas las competencias de la Liga Atlética Universitaria. Angelita representó a Puerto Rico en tres Juegos Centroamericanos y del Caribe, en tres Juegos Panamericanos y en las Olimpiadas de 1984. Angelita aún sostiene récords de tiempo para carreras universitarias de 1,500 y 800 metros. Conocida como el "Ángel de Puerto Rico", Angelita fue la principal estrella femenina del atletismo de su generación.

*T*he second of four children, Angelita grew up playing along the shores of Lake Patillas. In her middle school game days, at what used to be known as the Pedro Cintrón Sierra Middle School, Angelita loved to participate in the long jump competition, an event she always won. When she was in the seventh grade, they recognized that Angelita had a great talent for the sport of track and field. During the rest of her middle and high school studies, Angelita kept training and competing in track and field and she began to be recognized as a star athlete while she was a student at the Interamerican University, San Germán campus. As a university student, Angelita won all of her competitions in the University Athletic League. Angelita represented Puerto Rico in three Central American and Caribbean Games, three Pan American Games, and the 1984 Olympics. Angelita still holds records for the 1,500 and 800-meter university track races. Known as the "Angel of Puerto Rico", Angelita was the principal female track and field star of her generation.

ANTONIA PANTOJA
1922-2002

*a*ntonia creía en el poder de toda persona para forjar su propio destino. Fue una feminista, educadora, trabajadora social y líder de derechos civiles. Luego de trabajar como maestra en Puerto Rico, Antonia se mudó a Nueva York para continuar sus estudios universitarios. Para poder sufragar el costo de vida, buscó trabajo en una fábrica. En este trabajo conoció por primera vez el racismo y la discriminación hacia la comunidad puertorriqueña. Esta experiencia le dio a entender la importancia de conocer sus derechos como trabajadora y aprendió de cerca sobre los derechos laborales. Su trabajo en la fábrica se convierte en su primer rol como activista. Queriendo ayudar a otros boricuas que llegaban a Nueva York en busca de oportunidades de empleo, Antonia ayudó a fundar la Asociación Puertorriqueña de Asuntos Comunitarios, la primera organización puertorriqueña de abogacía de derechos civiles. Su pasión por los derechos civiles e ideales de igualdad social la llevaron a fundar organizaciones como el Foro Puertorriqueño y el Colegio Boricua, enfocadas en el empoderamiento de jóvenes en desventaja económica. Antonia fue la primera puertorriqueña y latina en recibir la Medalla Presidencial de la Libertad, el honor más alto otorgado a un ciudadano civil de los Estados Unidos.

*a*ntonia believed in the power that every person has to forge their own destiny. She was a feminist, educator, social worker, and civil rights leader. After working as a schoolteacher in Puerto Rico, Antonia moved to New York to continue her university studies. To help cover the cost of life, she got a job at a factory. At this job, Antonia experienced for the first time the racism and discrimination faced by the Puerto Rican community. This experience taught her the importance of knowing her rights as a worker and she studied labor rights. Her work in the lamp factory was also her first role as an activist. Wanting to help other Puerto Ricans who arrived in New York in search of employment opportunities, Antonia helped found the Puerto Rican Community Affairs Association; the first Puerto Rican civil rights advocacy organization. Her passion for civil rights and equality led her to found organizations such as the Puerto Rico Forum and the Colegio Boricua, all focused on empowering economically disadvantaged youth. Antonia was the first Puerto Rican and Latina woman to receive the Presidential Medal of Freedom, the highest honor bestowed upon a civilian in the United States.

AWILDA STERLING DUPREY

1947-

*L*a música siempre estuvo presente en el hogar de Don Tetelo Sterling y Doña Emma Duprey. No fue sorpresa, entonces, cuando la pequeña Awilda se interesó a temprana edad por el arte. A los dieciséis años, Awilda comenzó a tomar clases de arte en la Universidad de Puerto Rico de donde se graduó con un bachillerato en Humanidades con concentración en Bellas Artes y luego en la Escuela de Artes Plásticas de donde obtuvo un bachillerato en Artes Visuales con concentración en Pintura. La curiosidad guiaba a Awilda a experimentar. Llegó un momento en que el papel, el canvas, la pared, no sostenían lo que ella quería representar. Entonces Awilda comienza a experimentar con el baile y el movimiento del cuerpo como expresión artística. Estudió danza popular, folclórica y afrocaribeña y ayudó a fundar Pisotón, el primer grupo de danza experimental en Puerto Rico. El modo de baile de Awilda es muy diferente porque está compuesto por movimientos particulares que Awilda improvisa y trabaja de una manera muy personal. Awilda lleva más de 50 años trabajando como artista y es una de las figuras más destacadas en la cultura contemporánea de Puerto Rico.

*m*usic was always present in the home of Don Tetelo Sterling and Doña Emma Duprey. It came as no surprise when little Awilda became interested in art at an early age. At sixteen, Awilda started taking art courses at the University of Puerto Rico where she graduated with a degree in Humanities with a focus on Fine Arts and, later, at the School of Plastic Arts where she graduated with a degree in Visual Arts with a focus on Painting. Curiosity was the driving force behind Awilda's constant experimentation with new forms of artistic expression. There came a moment when paper, canvas, and wall could not hold what she was trying to convey in a visual way. At that point, Awilda began to experiment with dance and bodily movement as artistic expression. She studied different types of Caribbean dance; popular, folkloric, and Afro Caribbean and founded Pisotón, Puerto Rico's first experimental dance collective. Awilda's way of dancing is quite different because it's composed of particular movements that Awilda improvises and works on personally. Awilda has had an artistic career spanning over fifty years and is one of the most outstanding figures in contemporary Puerto Rican culture.

BLANCA CANALES TORRESOLA

1906- 1996

Blanca se crió en un hogar poco típico para su época. Su papá fue el primer alcalde de Jayuya y líder local del Partido Unionista, que luchaba por la independencia de Puerto Rico. Su mamá era una mujer fuerte que insistía que sus hijos e hijas se educaran y tuvieran sus propias ideas. A los veinticinco años, Blanca se unió al Partido Nacionalista bajo el liderato de Pedro Albizu Campos y fue una de las organizadoras del brazo femenino del partido, las Hijas de la Libertad. Sin embargo, el movimiento independentista era uno lleno de conflictos externos. Bajo la Ley de la Mordaza, era ilegal luchar por la independencia de Puerto Rico e incluso hasta izar la bandera mono-estrellada. Determinada en ver su patria libre, Blanca lideró la Insurrección Nacionalista de 1950 en Jayuya. Blanca izó la bandera puertorriqueña y declaró la República de Puerto Rico cantando "¡Viva Puerto Rico libre!". Dos días luego, Jayuya fue retomada por las fuerzas armadas de la Guardia Nacional y soldados del ejército estadounidense. Blanca fue arrestada y condenada a cadena perpetua. En el 1967 recibió una disculpa por parte del gobierno de Puerto Rico y fue puesta en libertad. Continuó luchando y abogando por la independencia por el resto de su vida.

Blanca was raised in a non-traditional household for her time. Her father was Jayuya's first mayor and local leader of the Unionist Party, which fought for Puerto Rico's Independence; and her mother was a strong woman who insisted that her children have an education and be able to have their own ideas. When Blanca was twenty-five, she joined the Nationalist Party under the leadership of Pedro Albizu Campos and was one of the organizers of the party's feminine branch; the Daughters of Freedom. The independent movement, however, was fraught with external conflicts. Under the so-called Gag Law, it was illegal to fight for Puerto Rican independence or to even raise the single-starred flag. Determined to see her nation freed, Blanca led the Nationalist Revolution of 1950 in Jayuya. She raised the Puerto Rican flag and declared the Republic of Puerto Rico as she cried out "Hurrah for a free Puerto Rico!" Two days later, Jayuya was taken back by National Guard and U.S. Army officers. Blanca was arrested and sentenced to life in prison. In 1967 she received a full pardon from the Puerto Rican government and was released. She continued to fight and advocate for Puerto Rico's independence for the rest of her life.

Tenemos que seguir aunque nos tome 100 años

CARLA CORTIJO SÁNCHEZ

1987-

Desde pequeña, Carla soñaba con jugar para la Asociación Nacional de Baloncesto Femenino (WNBA por sus siglas en inglés). En la escuela superior alcanzó una gran reputación por sus destrezas en la cancha y llevó a su equipo a dos temporadas invictas como campeonas a nivel isla. Culminó su escuela superior en Texas, donde se convirtió en una estrella nacional. Sin embargo, no pudo jugar su duodécimo grado debido a una lesión en su rodilla. Aún con este obstáculo, Carla logró firmar contrato como estudiante atleta con la Universidad de Texas. Temprano en su primera temporada, volvió a lesionarse la rodilla y nuevamente estuvo toda la temporada sin jugar. Jamás se rindió y finalizó su primera temporada activa como una de cinco jugadoras nombradas al equipo de estrellas Big 12. Luego de terminar estudios universitarios, fue una de las mejores jugadoras del Baloncesto Superior Nacional Femenino y representó a Puerto Rico en el equipo nacional con el cual ganó una medalla de oro en los Juegos Panamericanos del 2011. Una decisión controversial del equipo nacional puertorriqueño le impidió firmar contrato con el equipo Atlanta Dream pero Carla jamás se dio por vencida y en el 2015 se convirtió en la primera puertorriqueña en firmar contrato con la WNBA.

Since she was a girl, Carla dreamt about becoming a player in the Women's National Basketball Association (WNBA). During high school, she earned an incredible reputation for her skills on the court as she led her team to two undefeated seasons as Puerto Rico national champions. She finished high school in Texas where she became a national star. Her senior year, however, was spent on the sidelines as she nursed a wounded knee. Even with this challenge, Carla was able to sign a contract as a student athlete with the University of Texas. Early in her first season, she reinjured her knee and was forced to sit out the remainder of the season once again. But she never gave up and finished her first active season as one of five players named to the all-star Big 12 team. After college, Carla was one of the best players in Puerto Rico's professional feminine basketball league and she also represented the island on the national team which she led to a gold medal in the 2011 Pan American Games. A controversial decision by the Puerto Rican national team prevented her from signing a contract with the Atlanta Dream team, but Carla persisted and in 2015 she became the first Puerto Rican woman to sign with the WNBA.

CARMEN BELÉN RICHARDSON

1930-2012

El papá y la mamá de Carmen Belén siempre supieron que su hija tenía un don especial para entretener. La personalidad pícara de la pequeña cautivaba la atención de todo aquel que la conocía. Cuando se enteraron de que una estación de radio local llevaba a cabo audiciones para sus telenovelas, decidieron llevar a la pequeña Carmen Belén a hacer una audición. Le ofrecieron un rol inmediatamente y fue así como a los nueve años Carmen Belén incursionó en la industria del entretenimiento. Su amor y talento por la actuación marcaron su vida por siempre. Incluso durante una actuación en una obra estudiantil a sus catorce años, el poeta español ganador de un Premio Nobel, Juan Ramón Jiménez, estaba presente en la audiencia y quedó tan conmovido con la interpretación de Carmen Belén que le ofreció pagarle la matrícula de la Universidad de Puerto Rico. Con la llegada de la televisión a Puerto Rico, Carmen Belén se convirtió en la primera mujer negra boricua en aparecer en la pantalla chica. Aunque al principio extrañaba la magia de la radio que obligaba a las personas a utilizar su imaginación para visualizar los personajes de las telenovelas, pronto se acostumbró a los escenarios de televisión y tuvo una carrera artística de más de cuarenta años interpretando personajes en todo tipo de programas desde comedias hasta dramas.

Ever since she was a child, Carmen Belen's parents knew she had a gift for entertaining others. Her outgoing personality captivated all who met her. When Carmen's parents found out a local radio station was auditioning for soap operas, they took her to the station. She was offered a role right then and there and that is how, at nine years old, she began her career in the entertainment industry. Her love of acting and her extraordinary talent changed her life forever. She was so mesmerizing that once, performing in a student production when she was 14 years old, the Spanish poet and Nobel Laureate, Juan Ramón Jiménez, offered to pay for her post-secondary education at the University of Puerto Rico. With the arrival of television on the island, Carmen Belén became the first black Puerto Rican woman to appear on the small screen. Even though, at first, she missed the magic of having to visualize the characters of a soap opera, she became used to television sets and had an artistic career that lasted more than 40 years. Carmen Belén played different roles in every type of program, ranging from comedies to dramas.

44

CARMEN ZORRILLA

1953-

*C*uando Carmen era una joven universitaria no sabía si estudiar psicología o medicina. Un profesor de medicina le aconsejó que estudiara psicología, pues decía que las mujeres quitaban espacios a hombres y siempre terminaban casadas, con hijos, y el dinero que el Estado invertía en ellas se perdía. Aunque Carmen no estaba de acuerdo con este argumento, le creaba incertidumbre. Indecisa, Carmen visitó a quien había sido su maestra de primer grado, Sor Elisa. Ella le recordó la parábola de los talentos. Confiada, Carmen decidió convertirse en doctora. En 1986, embarazada y ya parte de la facultad del Recinto de Ciencias Médicas de la Universidad de Puerto Rico, un colega le presentó los resultados de un estudio de pacientes embarazadas atendidas con VIH positivos. En aquel momento aún se desconocía mucho sobre la condición. Convencida de querer aportar, la Dra. Zorrilla colaboró con otros médicos para confirmar los hallazgos del estudio y, a la luz de ellos, establecieron el primer programa de detección universal en el mundo, ofreciendo la prueba del VIH libre de costo a todas las pacientes embarazadas. Su trabajo en el campo de la salud ayudó a eliminar la transmisión del VIH de madre a bebé.

*W*hen Carmen was a young college student, she didn't know whether to study psychology or medicine. A medical professor advised her to study psychology because he said women took places from men and then always ended up married with children and wasted the money invested in them by the State. Although Carmen didn't agree with his argument, it made her uncertain. Undecided, Carmen visited the woman who had been her first-grade teacher, Sor Elisa. She reminded Carmen of the parable of the talents. A newly confident Carmen made the decision to become a doctor. In 1986, pregnant and part of the faculty of the University of Puerto Rico's Medical School, a colleague showed her the results of a study of pregnant patients with HIV positive. At the time, much about the condition was still unknown. Convinced this was an area where she should contribute, Dr. Zorrilla collaborated with other doctors to confirm the study's findings, and in light of them, established the first universal screening center in the world, offering free HIV testing to all pregnant patients. Her work in the medical field helped eliminate HIV transmission from mother to child.

CELESTINA CORDERO MOLINA

1787-1862

*C*elestina nació en una época donde la mayoría de los puertorriqueños no sabían leer ni escribir. El trabajo en los campos dejaba poca oportunidad para ir a la escuela y existían pocas escuelas en los campos. Tampoco había acceso fácil a libros. Sin embargo, los papás de Celestina sabían que la clave para una mejor vida era la educación. Su papá, Lucas Cordero, era artesano y trabajador de tabaco. De joven había sido esclavo y logró comprar su libertad. Como hombre libre, se quiso asegurar que sus tres hijos aprendieran a leer y escribir. Entendiendo el poder de la educación, Celestina y su hermano Rafael desarrollaron un gran amor por la enseñanza. Juntos se mudaron a San Juan para convertirse en maestros. Siendo una mujer negra libre y educada, el camino no fue fácil para Celestina. Pero luego de años enseñando a grupos de hasta más de cien alumnas, logró ser nombrada maestra por el gobierno español. Siguiendo su creencia en el derecho de toda niña de recibir una educación de calidad, Celestina fundó una de las primeras escuelas para niñas en San Juan. Aunque los libros de historia recuerdan a su hermano, Rafael Cordero, como "el padre de la educación pública" en Puerto Rico, la obra social educativa de Celestina indudablemente dejó una huella igual o más profunda.

*C*elestina was born at a time when the majority of Puerto Ricans didn't know how to read or write. Agricultural labor left few opportunities for formal education and there were virtually no schools in the countryside. Books were also hard to come by. But Celestina's parents knew that the key to a better life was an excellent education. Her father, Lucas Cordero, was an artisan and tobacco worker. He had been a slave who bought his freedom. As a free man, he wanted to make sure that his children knew how to read and write. Understanding the power of education, Celestina and her brother moved to San Juan to become teachers. The journey wasn't easy for Celestina, a Black educated woman, but after years of teaching sometimes hundreds of girls, she was officially named a teacher by the Spanish government. Standing firm in her belief that every girl had a right to an education, Celestina founded one of the first all-girls school in San Juan. Although Puerto Rico's history books often remember her brother, Rafael Cordero, as the "Father of Public Education", the social pioneering work of Celestina undoubtedly left an equal or even deeper impact.

CLARA LAIR
1895-1973

maría de las Mercedes Negrón Muñoz tuvo la dicha de criarse en una familia pudiente y talentosa de Barranquitas. Quizás te preguntes por qué hablamos de María de las Mercedes Negrón Muñoz en vez de Clara Lair. Pues porque son la misma persona. Clara Lair era el seudónimo que Mercedes utilizaba para publicar sus escritos en una época donde no se apreciaba que las mujeres tuviesen una profesión tan pública como la de escritor o poeta. Ambos el tío y el padre de Mercedes eran poetas y la vena artística fluía en la joven con la misma fuerza. Mercedes tuvo una educación de primera, graduándose con un grado de Literatura de la Universidad de Puerto Rico. Siempre estaba escribiendo y sus poemas comenzaron a ser publicados en revistas literarias, siempre bajo el seudónimo de Clara Lair. Ella utilizaba la poesía para expresarse libremente sin ataduras sociales y a través de sus escritos se declara defensora de los derechos de la mujer, de la igualdad de género y del derecho femenino al placer. Contemporánea de Julia de Burgos, Clara Lair fue una de las grandes figuras de la literatura puertorriqueña junto con hombres como Luis Lloréns Torres, Luis Palés Matos y Abelardo Díaz Alfaro.

***m**aría de las Mercedes Negrón Muñoz had the privilege of being raised in a wealthy and talented family in Barranquitas. You may be wondering why we are talking about María de las Mercedes instead of Clara Lair. It's because they're the same person. Clara Lair was the pseudonym that Mercedes used to publish her work at a time when women were not easily accepted as writers or poets. Both her father and her uncle were poets, so it was only natural that Mercedes carried the creative gene with the same strength and wittiness. She received a first-rate education, graduating with a bachelor's degree in Literature from the University of Puerto Rico. She was constantly writing and soon her work was published in literary magazines, always under her pseudonym, Clara Lair. She used poetry as a means of self-expression free of social norms, and it is through her writing that she proclaims herself a women's rights advocate, as well as an advocate for gender equality and the female right to pleasure. A contemporary of Julia de Burgos, Clara Lair was one of the most influential literary figures in Puerto Rican literature, alongside men like Luis Lloréns Torres, Luis Palés Matos and Abelardo Díaz Alfaro.*

CLOTILDE BETANCES JAEGER
1890-c. 1970

*C*ontemporánea de Clara Lair, Clotilde también tuvo la dicha de nacer en una familia que tenía los recursos económicos para asegurar que su hija tuviese una educación de la más alta calidad. Clotilde asistió a la escuela desde una edad temprana y en el 1912 se fue a Nueva York a estudiar en la Universidad de Cornell. Su carrera literaria nos brinda una mirada a las realidades de la mujer dentro de una sociedad dominada fuertemente por los hombres. Sus ensayos se publicaron en periódicos y revistas tanto de Nueva York como de Puerto Rico y otros países de América Latina, y se caracterizaban por el espíritu luchador feminista de su autora. Clotilde jamás titubeó al momento de denunciar la violencia machista, la desigualdad entre los sexos o la violación de derechos civiles a la vez que luchaba por la liberación femenina y concientizar a las mujeres hispanas de su identidad. Clotilde es un ejemplo increíble de una mujer que utilizó su privilegio como vehículo para luchar contra los fundamentos patriarcales que sostenían una sociedad opresora.

a contemporary to Clara Lair, Clotilde was also fortunate enough to be born in a family that had the financial means necessary to ensure she received an excellent education. Clotilde attended school from a very young age, and in 1912 moved to New York to pursue a degree at Cornell University. Her literary career gave us a glimpse into the realities women faced in a society dominated by men. Her essays were published in newspapers and magazines in New York, Puerto Rico, and in many other Latin American countries. They were strongly characterized by Clotilde's feminist views and strong spirit. She never hesitated when it came to reporting misogynistic violence, gender inequality or a violation of civil rights. At the same time, she fought for women's liberation and the importance of teaching Hispanic women their cultural identity. Clotilde is the perfect example of a woman who used her position of privilege to shed light on the fight against patriarchy and oppression.

DOMINGA DE LA CRUZ BECERRIL

1909-1981

a diferencia de Clara y Clotilde, Dominga nació bajo condiciones de pobreza extrema, condiciones que tristemente eran comunes en el Puerto Rico de principios del siglo veinte. Las circunstancias de su niñez, durante la cual quedó huérfana dos veces, crearon una mujer con una gran fortaleza de espíritu. Dominga tuvo una educación formal hasta el cuarto grado y aprendió a leer y escribir. Trabajó durante toda su vida; primero en la industria de la costura y luego en tabaquerías. Hacía uso de su conocimiento leyéndole a sus compañeros trabajadores de los periódicos y fue en estas lecturas que conoció la figura de Pedro Albizu Campos. Reconociendo en los discursos de Albizu unos ideales que ella compartía, Dominga decidió unirse al Partido Nacionalista de Puerto Rico. Al igual que Blanca Canales, fue miembro activa de las Hijas de la Libertad. Estuvo presente en la Masacre de Ponce del 1937 donde arriesgó su vida tirándose a alcanzar la bandera puertorriqueña antes de que tocara el suelo luego de que su portador fuese lesionado. Su fervor independentista le cambió el rumbo a su vida, llevándola a mudarse a Cuba donde enseñó el arte de la poesía revolucionaria y donde permaneció el resto de sus días luchando desde lo lejos por la independencia de Puerto Rico.

u nlike Clara or Clotilde, Dominga was born in extreme poverty. Sadly, these conditions were common in Puerto Rico at the start of the twentieth century. The circumstances surrounding her childhood, during which she was orphaned twice, provided her with an incredible strength of spirit. She had a formal education until the fourth grade, and she learned to read and write. She worked her entire life; first in sewing and then in the tobacco industry. She used her knowledge to read local newspapers to fellow tobacco workers, and it was through these readings that she came to know Pedro Albizu Campos. Recognizing ideals she shared in Albizu's speeches, Dominga decided to join Puerto Rico's Nationalist Party. Like Blanca Canales, she was an active member of the Daughters of Freedom. She was present during the infamous Ponce massacre of 1937 where she risked her life trying to reach the Puerto Rican flag before it touched the ground, after the person carrying it was injured. Her fight for Puerto Rico's independence changed the course of her life. She eventually moved to Cuba where she taught the art of revolutionary poetry and where she remained for the rest of her life, fighting for Puerto Rico's independence.

EDDA LÓPEZ SERRANO

1961-

*E*dda siempre supo que sería independentista, y una de las experiencias que más la marcó fue cuando a sus 17 años fue a recibir a prisioneros políticos, entre ellos, Lolita Lebrón. Al verla se dijo a sí misma: "Esa es la mujer independentista que yo quiero ser." Edda se educó y tuvo varios trabajos importantes, desde ser mecanógrafa hasta secretaria del vicepresidente de un banco hipotecario—del cual fue despedida por no mentir a favor de su jefe en un caso de hostigamiento sexual. En su rol público y personal, ha sido defensora férrea de los derechos de la mujer y de la lucha en contra de la violencia de género. En adición a abogar por la autonomía de la mujer en la toma de decisiones sobre su cuerpo, se ha destacado por amparar el acceso justo a vivienda digna y a servicios de salud. Ha servido como portavoz de la Coalición 8 de Marzo, Secretaría de Asuntos de las Mujeres y de Género del Partido Independentista Puertorriqueño. Edda lleva la lucha de la independencia a flor de piel y afirma que sus dos virtudes imprescindibles son la honestidad y la solidaridad. "La única manera que podemos reconstruirnos es trabajando desde adentro. El Puerto Rico que yo sueño es uno que se valora, que se redescubrió."

*E*dda always knew she would be an active member of the Puerto Rico Independence Party, and one of the experiences that influenced her views was when, at 17, she went to greet nationalist political prisoners, among them, Lolita Lebrón. When Edda saw Lolita, she said to herself: "That is the type of woman I want to be." Edda studied and had many important jobs from typist to secretary of a VP of a mortgage bank—a role from which she was fired for refusing to lie in favor of her boss regarding a sexual harassment case. In her public role and personal stance, she has been an ardent defender of women's rights and the fight against gender violence. In addition to advocating for women's rights to decide over their own bodies, she's known for arguing in favor of access to fair and decent housing and health services. She's served as spokeswoman of the local March 8th Coalition and Secretary of Women and Gender Issues of the Puerto Rican Independent Party. Edda affirms that her two indispensable virtues are honesty and solidarity. "The only way we can rebuild ourselves is through working from the inside out. The Puerto Rico I imagine is one that values itself, that has rediscovered itself."

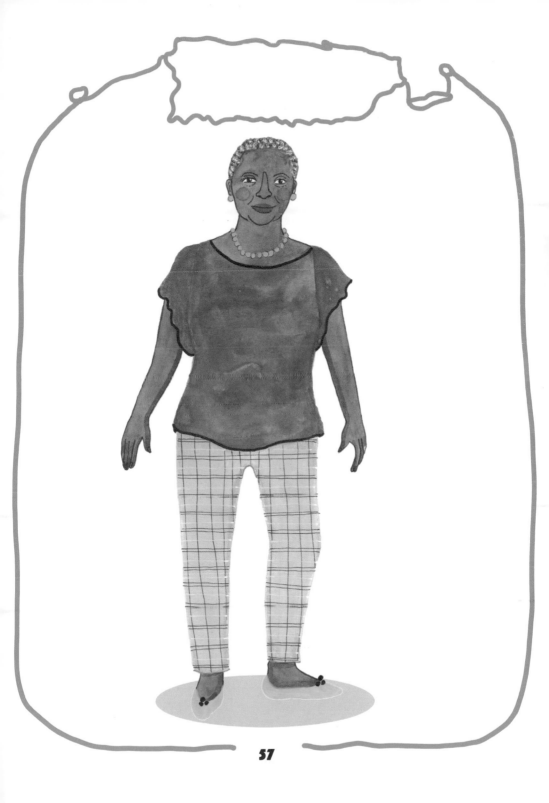

ERNESTINA REYES VÁZQUEZ

1925-1994

esde que era una niña pequeña, Don Pedro y Doña Eulalia Reyes se dieron cuenta de que su hija Ernestina tenía una voz especial. La chiquita tenía un don para inundar su voz de gran sentimiento al interpretar la música típica campesina de la época y le encantaba llevar a cabo sus funciones en los programas musicales de la escuela. Determinadas a tener una carrera musical, Ernestina y su hermana Carmen formaron el dúo Las Hermanitas Reyes cuando Ernestina tenía quince años. Se dedicaban a interpretar boleros y canciones populares en estaciones radiales. Más adelante en su carrera se ganaría el apodo de "La Calandria" por el timbre único de su voz, como el ave que lleva el mismo nombre. Durante su carrera logró producir cuarenta y cinco discos y fue la primera persona en interpretar la canción jíbara en la televisión puertorriqueña. Su carrera estuvo repleta de premios y reconocimientos a nivel de los Estados Unidos, aunque extrañamente nunca recibió el mismo nivel de reconocimiento en Puerto Rico. Aunque vivió parte de su vida en Nueva York, al fallecer, se cumplió su deseo de esparcir sus cenizas en su pueblo de San Lorenzo.

rom a very young age, Don Pedro and Doña Eulalia Reyes noticed their daughter Ernestina had a special and uncommon voice. The little one had a gift for interpreting autochthonous Puerto Rican music with great fervor and emotion and she loved performing in every musical activity at her school. Determined to have a musical career, Ernestina and her sister Carmen founded the musical duo Las Hermanitas Reyes at just 15 years old. They devoted themselves to interpreting boleros and popular music played in radio stations of the time. Later on in her career, she became known for her nickname La Calandria because of the unique timbre of her voice and its resemblance to a bird with that same name. During her career she was able to produce forty-five records and was the first Puerto Rican woman to interpret a jíbara song in Puerto Rican television. She was the recipient of numerous awards and acknowledgments in the United States, but surprisingly, she never got the same recognition on the island. Even though Ernestina lived in New York for the majority of her life her dying wish to have her ashes scattered was fulfilled in San Lorenzo, her hometown.

FELICITAS MÉNDEZ GÓMEZ

1916-1998

muy pocas personas saben que una de las pioneras del movimiento de derechos civiles en los Estados Unidos fue una mujer puertorriqueña nacida en Juncos. Felicitas "La Prieta" Méndez Gómez jugó un papel crítico en la lucha para terminar con la terrible práctica de segregación racial en las escuelas públicas de los Estados Unidos. En 1945, nueve años antes de la opinión decisiva del Tribunal Supremo de los Estados Unidos en el caso de Brown V. Board of Education de 1954, Felicitas fue responsable de organizar un grupo de familias para llevar una demanda colectiva en contra del estado de California luego de que sus hijos fueran negados la entrada a la escuela pública más cercana a su hogar por tener la piel muy oscura y llevar un nombre hispano. El caso Méndez V. Westminster resultó en una decisión a favor de los padres, efectivamente poniendo fin a la segregación racial en el estado y sentando la base legal para la decisión en el Tribunal Supremo.

*V*ery few people know that one of the pioneers of the United States' Civil Rights Movement was a Puerto Rican woman from the small town of Juncos. Felicitas "La Prieta" Méndez played a crucial role in the fight against racial segregation, particularly in the Education system in the United States. In fact, in 1945, nine years before the Supreme Court's decision of Brown v. Board of Education (1954), Felicitas was responsible for organizing a group of families who filed a lawsuit against the state of California for discriminating against their children based on their skin color and their Hispanic heritage. In the end, the Méndez V. Westminster case favored the families, effectively ending racial segregation in the State of California and providing a legal base for the ultimate decision by the Supreme Court.

FELISA RINCÓN MARRERO DE GAUTIER

1897-1994

Conocida cariñosamente por todo puertorriqueño como Doña Fela, Felisa Rincón Marrero de Gautier fue oficialmente la quinta mujer en registrarse para votar en Puerto Rico. Felisa cementó su huella en la historia colectiva de Puerto Rico cuando en 1946 se convirtió en la primera mujer en toda América en ser electa al cargo político de alcalde de una ciudad capital. El hecho de que el derecho al sufragio universal no fue alcanzado en Puerto Rico hasta el 1935 hace que la elección de Felisa a este puesto político sea un logro mayor aún. Siendo la mayor de nueve hermanos, y habiendo perdido a su mamá a los once años, la joven Felisa indudablemente tenía grandes destrezas de organización y ejecución. El legado de su obra a través de sus veintidós años como alcaldesa de San Juan aún se sienten hoy en día.

*a*ffectionately known by the people of Puerto Rico as Doña Fela, *Felisa Rincón Marrero de Gautier was the fifth woman on the island to officially register to vote. Felisa left her mark on Puerto Rico's collective history when she became the first woman in America to be elected for a political position as the Mayor of Puerto Rico's Capital city, San Juan. The fact that women's suffrage had not been passed until 1935 makes this election even more extraordinary. She was the eldest of nine siblings but after losing her mother at a very young age, Felisa undoubtedly developed leadership skills that made her exceptional when it came to getting things done. Even now, after twenty-two years as Mayor of San Juan, her legacy of excellency lives on.*

GISELA ROSARIO RAMOS

1967-

Como niña y adolescente, a Gisela Rosario Ramos le encantaba escuchar música. Pero si le preguntabas cuál era su artista favorito, se le hacía difícil dar una contestación sencilla pues eran muchos los artistas con los cuales ella sentía una afinidad. De Madonna a Prince y Boy George, la década del 1980 tuvo mucho que ver en el proceso de definir su estilo artístico. Sin embargo, Gisela no se sentía representada físicamente por ninguno de sus ídolos; ella no era ni flaca ni rubia, era afrolatina y queer. De este vacío nace la persona de Macha Colón. Macha es una mujer que celebra su vida, su cuerpo y su voz; es audaz, incorregible, llamativa, fuerte y ruidosa sin remordimiento. Para Gisela, ésta es una fórmula sanadora, que encarna muchos elementos que típicamente no se ven en la cultura popular y por ende hacen a toda audiencia sentirse bienvenida por ella. Otro igual de talentoso de Gisela, es su experiencia como cineasta y documentalista. Entre sus filmes editados está Mi Santa Mirada, primer filme corto puertorriqueño en llegar a competir por el prestigioso premio de la Palma Dorada en el Festival de Cine de Canes.

As a child and later on as a teenager, Gisela Rosario Ramos loved listening to music. But if you were to ask her what her favorite artist was, she would have had a lot of trouble giving you a straight answer. From Madonna to Prince to Boy George, the 1980s' influenced her enormously in the process of finding –and defining– her personal artistic and musical style. Yet despite her affinity to these artists, Gisela never felt represented by her idols; she was neither blonde or skinny but rather Afro Latina and queer. Nevertheless, from this seemingly empty space, she gave birth to Macha Colón. Macha is a woman who constantly celebrates her life, her body and her voice; she is audacious, bold, striking, strong and unapologetically loud. This proved to be Gisela's own formula for sanity intertwined with the incarnation of elements that are typically not represented in popular culture, which is what enveloped her audience in her welcoming aura. Another talented side of Gisela is her experience as a filmmaker. Among her edited productions is Mi Santa Mirada, the first Puerto Rican short to debut in the prestigious Cannes Festival in the South of France, and compete for its prize, the Palm D'Or.

GLORIA COLÓN MUÑOZ
1931-2010

Tristemente, son muchas las personas que no recuerdan o nunca conocieron el nombre de Gloria Colón Muñoz. Esta falta de memoria y conocimiento se podría atribuir al deporte que Gloria practicaba, la esgrima, el cual no es ampliamente conocido o seguido en Puerto Rico, o al hecho de que fue una joven mujer atleta en la época de los 1950 y 1960 y su trayectoria no caló hondo en la conciencia de su país. Pero, para quienes no la conocen, Gloria Colón Muñoz, en el 1960, se convirtió en la primera mujer en representar a Puerto Rico en unos juegos olímpicos con su participación en las olimpiadas de Roma en el deporte de la esgrima. A pesar de haber sido una pionera importante para las mujeres en el deporte puertorriqueño, la historia de Gloria es desconocida para muchos. A través de los años sirvió de mentora para muchos atletas de la isla, pero murió en la pobreza, vendiendo boletos de lotería en un centro comercial para poder subsistir.

It is unfortunate to acknowledge that not many people knew or currently know of the name Gloria Colón Muñoz. This gap in our historical memory could be due to the fact that fencing was not considered to be a popular sport, but it was the one that Gloria practiced and perfected. Sadly, even though the anonymity of Gloria is not just due to this factor, she was a young woman who practiced fencing during the 1950s and 1960s, and so her journey did not deeply root itself in the country's collective record of athletes in general. But, Gloria's contribution to the history of Puerto Rico is unsurmountable, as she became the first woman to ever represent the island in the 1960s Olympic Games carried out in Rome. However, despite being a pioneer for women in sports, her story is unknown to many. Throughout her remaining years, she mentored fellow athletes on the island, but ultimately died in poverty, having to rely on selling lottery tickets in a mall to be able to survive.

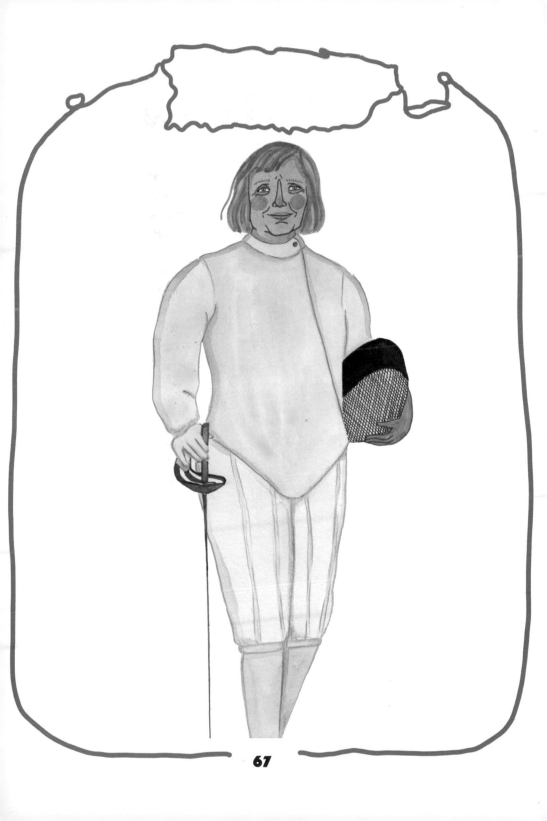

HELEN RODRÍGUEZ TRÍAS

1929-2001

nacida en la ciudad de Nueva York a papá y mamá puertorriqueños, la joven Helen se crió entre Nueva York y Puerto Rico. Aunque realizó sus estudios primarios y secundarios en Nueva York, hizo su bachillerato y grado médico en la Universidad de Puerto Rico. Su experiencia de vivir en el espacio entre medio de ambas culturas, la estadounidense y la puertorriqueña, le dio a Helen una mirada particular sobre el rol que juega la profesión médica en la salud de un pueblo. Esta visión se define aún más agudamente luego de sus años de activismo dentro del movimiento independentista estudiantil. Helen entendía que existe un vínculo crítico entre la salud pública y los derechos sociales y políticos de un pueblo. Es por esto que dedicó fervorosamente su carrera médica no solamente a tratar y curar pacientes sino a educar y luchar por los derechos de las poblaciones con el peor acceso a los servicios de salud. La Dra. Rodríguez Trías utilizó sus distintos puestos para adelantar temas como el abuso de la esterilización, el derecho al aborto y el acceso a la salud para pacientes de VIH y SIDA. En el 2001 fue recipiente de la Medalla Presidencial por su trabajo incansable con poblaciones marginadas.

Born in New York City to Puerto Rican parents, a young Helen grew up in between New York and Puerto Rico. Although she attended primary school and high school in New York, she got her bachelor's degree and a medical degree at the University of Puerto Rico. Her experience of living 'between two worlds' in between the American and Puerto Rican cultures, gave Helen a particular perspective of the role the medical profession plays in a country's health. Helen defined this vision more acutely after years doing activism inside the students' pro- independence movement. Helen thought that there was a critical link between public health and the social and political rights of the people. For this reason, she feverously dedicated her medical career not only to treat and cure patients but to educate and fight for the rights of the communities with less access to healthcare. Rodríguez Trías used her different leadership positions to further topics such as excessive sterilization, abortion rights, and HIV and AIDS patients' access to healthcare. In 2001, she was the recipient of the Presidential Medal because of her tireless work with minority groups.

HERMINIA TORMES GARCÍA
1891-1964

Uno de los propósitos principales de este libro es rescatar las historias de mujeres puertorriqueñas que no fueron grabadas en los anales de historia para devolverlas al conocimiento colectivo del pueblo y celebrar los grandes logros y aportaciones que tuvieron en nuestra sociedad. Compartir la historia de Herminia Tormes García está muy alto en la lista de historias que es imprescindible recordar. En el 1873, al convertirse en una mujer libre luego de la abolición de la esclavitud, lo último que se podría haber imaginado Ana Jacobina García es que su hija Herminia llegaría a ser la primera abogada, y luego la primera jueza en todo Puerto Rico. Para el inmenso orgullo de su mamá, Herminia Tormes García formó parte de la segunda clase del Colegio de Derecho de la Universidad de Puerto Rico. Como abogada, defendía los derechos de las mujeres encarceladas, liderando esfuerzos de reforma educativa y de acceso a la justicia. Batalló contra campañas moralistas que tildaban de prostituta a toda mujer que exhibiera conductas que pudiesen ser interpretadas como libres, sexuales o feministas. Como jueza, continuó siempre vigilante por los derechos de comunidades marginadas y pendiente al respeto de los derechos humanos.

One of the main purposes of this book is to rescue the stories of Puerto Rican women that were not recorded in the annals of history, and return them to the people's collective knowledge, to celebrate their great achievements and contributions to society. Sharing Herminia Torres García's story is very high up in the list of histories that must always be remembered. In 1873, upon becoming a free woman after the abolition of slavery, the last thing Ana Jacobina García would have imagined was that her daughter would become the first lawyer and the first female judge in all of Puerto Rico. To her mother's immense pride, Herminia Tormes García formed part of the second class of the University of Puerto Rico's School of Law. As a lawyer, she defended the rights of imprisoned women, leading efforts in education reform and access to justice. She battled against moralist campaigns that singled out women as prostitutes just because they exhibited behavior that could be interpreted as free, sexual or feminist. As a judge, she stayed vigilant of the minority communities' rights and the respect for human rights.

ILEANA CABRA JOGLAR
1989-

Conocida artísticamente como iLe, nació en Santurce, Puerto Rico, el 28 de abril de 1989. Es una cantante puertorriqueña que fue la voz femenina del grupo musical Calle 13 por 10 años. Luego de recorrer el mundo y acumular experiencias personales y artísticas que forjaron en ella una identidad musical única y particular, iLe decide encerrarse en el estudio y trabajar en su primer álbum producido por ella misma junto a Ismael Cancel. El disco, titulado iLevitable, salió a la luz el 3 de junio 2016, recibiendo un sinnúmero de elogios de críticos y del público en general. Según NPR «el álbum la posiciona de inmediato como una intérprete de primera de los sonidos clásicos que permean por toda Latinoamérica". Las canciones de iLevitable fueron compuestas casi en su mayoría por la misma Ileana, su hermana Milena Joglar y su abuela Flor Amelia de Gracia. Su segundo disco, Almadura, lanzó en mayo 2019 y sus canciones se convirtieron en himnos revolucionarios de las protestas del verano del '19 que vieron la salida del entonces gobernador Ricardo Roselló. En su música explora temas socio políticos relacionados al rol de la mujer, el feminismo, la sexualidad femenina, entre otros.

Known artistically as iLe, Ileana was born in Santurce, Puerto Rico, on April 28, 1989. She's a Puerto Rican singer who was the lead female voice of the famous musical group Calle 13 for 10 years. After touring the world and acquiring her own personal and artistic experiences that forged a unique and very particular musical identity, iLe decided to lock herself in her studio and work on her first solo album, produced by herself and Ismael Cancel. The album, titled iLevitable, was released on June 3rd, 2016, with stellar reviews from music critics and the general public. According to NPR "the album immediately positions her as a first-rate interpreter of the classic sounds that permeate all over Latin America". The songs in iLevitable were composed almost in their entirety by the own Ileana, her sister Milena Joglar, and her grandmother Flor Amelia de Gracia. Her second album, Almadura ("Strong Soul"), came out in May 2019 and its songs became revolutionary hymns of the protest movement that saw the ousting of then-governor Ricardo Roselló in July of the same year. In her music, she explores socio-political themes related to the role of women, feminism, and female sexuality, among others.

IVANA FRED MILLÁN

Ivana Fred, mujer transgénero, y activista de las comunidades LGBTQ+ fue una de las primeras personas trans en lograr cambiar su género en el certificado de nacimiento en Puerto Rico. Ivana cuenta que a pesar de haber sido asignada el género de varón al nacer, desde los cinco años pensaba que "cuando grande, quería ser mujer". Con el pasar del tiempo comprendió que era transgénero. Se vistió con trajes y faldas, y se comportó como siempre quiso. Finalmente, fue libre. Eso la motivó a luchar por sus derechos como cualquier otra mujer, y trabajó como activista de la comunidad trans. Ivana Fred fue parte del documental puertorriqueño Mala Mala donde habla de su activismo con las trabajadoras sexuales trans, educando sobre salud sexual y sus derechos. En junio del 2018, a Ivana Fred se le otorgó su derecho de cambiar su género de masculino a femenino en sus documentos oficiales, lo que significó un momento de realización y gozo.

Ivana Fred, transgender woman and LGBTQ+ activist was one of the first transgender people in Puerto Rico to officially change their gender on their birth certificate. Ivana says that despite having been assigned a male gender at birth, since she was five years old, she knew that "she wanted to be a woman when she grew up". With time, she understood she was transgender. She wore dresses and skirts and behaved how she always felt she should. She was finally free. This motivated her to fight for her rights as any other woman and worked as an activist for the trans community. Ivana Fred was part of the Puerto Rican documentary Mala Mala where she talks about her activism with trans sex workers, educating them about sexual health and their rights. In June 2018, Ivana Fred was allowed to change her gender from male to female in her official documents, a moment which was full of self-fulfillment and joy.

IVY QUEEN
1972-

Un ícono del género del reggaetón en Puerto Rico, América Latina y el mundo, Martha Ivelisse Pesante, mejor conocida como 'Ivy Queen', fue una de las primeras mujeres en irrumpir en la escena de la música urbana que, en aquel entonces, era dominada por los hombres. Al unirse con el rapero y productor DJ Negro, debutó con su primer sencillo Somos raperos, pero no delincuentes, y demostró que las mujeres también podían rapear y competir con los hombres. La Reina del Reggaetón, La Diva, La Potra, Ivy Queen se ha convertido en un símbolo feminista por canciones como Yo Quiero Bailar, un himno de empoderamiento para las mujeres. Su música ha sido una respuesta al machismo en el reggaetón, denunciado la desigualdad social que sufren las mujeres en la industria de la música urbana y en toda la sociedad. El legado de esta boricua nos inspira todos los días a luchar por nuestros sueños, por más que nos digan que no los lograremos.

*a*n icon of reggaetón music in Puerto Rico, Latin America and the world, Martha Ivelisse Pesante, known as "Ivy Queen," was one of the first women to burst onto the urban music scene, which by then was heavily dominated by men. After she got together with rapper and producer DJ Negro, she debuted with her first single Somos raperos, pero no delincuentes and showed that women could also rap and compete just as well as men. La Reina del Reggaetón, La Diva, La Potra, Ivy Queen has become a feminist symbol with songs like Yo Quiero Bailar, an anthem of female empowerment. Her music has served as a response to misogyny in reggaetón, denouncing the social inequality that women experience in the urban music industry and society. This Boricua's legacy inspires us every day to fight for our dreams, even if they tell us we will never make it.

JOSEFINA BARCELÓ BIRD

1901-1979

osefina Barceló Bird fue una sufragista, política, líder civil y la primera mujer en ser electa como presidenta de un partido, en su caso el Partido Liberal Puertorriqueño. Josefina Barceló estuvo muy activa en la lucha por conseguir el voto femenino, y salió a la calle a educar sobre su importancia a mujeres y hombres por toda la Isla. Luego de que se legalizara el sufragio femenino, Josefina trabajó para llevar a las mujeres a los centros electorales. Incluso, conseguía cuido de niños, comida y transportación para que estas nuevas votantes se pudieran registrar. Tuvo que hacer mucho trabajo de base y de convencer a la gente de que esto era lo correcto. Josefina hablaba con los maridos, padres y abuelos de estas mujeres para educarlos sobre la importancia de la participación de las mujeres y, sobre todo, asegurarles que sus esposas e hijas estarían seguras durante el nuevo proceso. Josefina continuó ocupando posiciones de liderazgo en la política por muchos años. Gracias a su arduo trabajo y compromiso con los derechos de las mujeres, es una de las doce mujeres homenajeadas con una placa en La Plaza en Honor a la Mujer Puertorriqueña que se encuentra en San Juan.

osefina Barceló Bird was a suffragette, civil leader and the first woman to be elected as president of a political party, the Puerto Rican Liberal Party. Josefina Barceló was active in the fight for the female vote and went to the streets to educate about its importance to both women and men all over the island. After achieving the right to vote, Josefina continued her work by assisting women in reaching electoral centers, finding day care centers and people to look after the women's children, giving them lunch and transportation, just so these new women voters could register. It was a lot of work on the ground and she had to convince people this was the right thing to do. Josefina even spoke with women's husbands, fathers and grandfathers to educate them about the importance of women's participation, and most of all, assuring them their wives and daughters would be safe during the entire process. Josefina occupied many leadership positions in politics for many years. Thanks to her hard work and compromise with women's rights, she's one of the twelve women honored with a plaque in the Square in Honor of Puerto Rican Women in San Juan.

JUANA COLÓN
"JUANA DE ARCO DE COMERÍO"
1886-1967

Juana Colón nació en el barrio Río Hondo de Comerío en una familia de esclavos emancipados. A pesar de no haber podido ir a la escuela, y de no saber leer ni escribir, fue una de las figuras más importantes del movimiento obrero del siglo XX. Para ayudar a su familia, trabajó en lavandería y planchado de ropa. Fue durante ese tiempo que descubrió las ideas socialistas y anarquistas del momento, y comenzó a luchar por los derechos de los obreros puertorriqueños, en especial las mujeres obreras como ella. Su falta de educación formal no la detuvo, pues se destacó como excelente oradora, líder del Partido Obrero Socialista de Puerto Rico, y como miembro de los Fundadores de la Primera Sección Socialista de Comerío. Aunque durante su juventud, las sufragistas consiguieron el voto femenino, este "derecho" aún excluía a muchas personas, incluyendo hombres y mujeres que no sabían leer ni escribir. Para aquel entonces, en la década de los 1930, la mayoría del pueblo era analfabeta, por lo que Juana Colón se enfocó en hacer protestas sobre este derecho a medias. Finalmente, para el 1935, con la Ley del Sufragio Universal, cualquier persona, hombre o mujer, mayor de 21 años, pudo votar, aunque no supiera leer ni escribir.

Juana Colón was born in the Rio Hondo barrio of Comerío to a family of emancipated slaves. Despite not having been able to attend school, nor learning to read or write, Juana was one of the most important figures in the Labor Movement of the 20th century. To help her family, she worked doing laundry and ironing. It was during that time that she discovered the socialist and anarchist ideas of the time and began to fight for the rights of Puerto Rican workers, especially women workers like herself. Her lack of formal education didn't stop her, for she distinguished herself as a skilled orator, leader of the Socialist Workers' Party of Puerto Rico, and member of the Founders of the First Socialist Section of Comerío. Despite the fact that during Juana Colon's youth the suffragettes got the female vote, this "right" excluded a lot of people, including men and women who didn't know how to read or write. By then, during the 1930s, the majority of the Puerto Rican people were illiterate, which is why Juana Colon focused in protesting this "half-right". Finally, in 1935, with Universal Suffrage, any person, man or woman 21 or older could vote, whether or not they could read and write.

JULIA DE BURGOS

1914-1953

nacida en el municipio de Carolina, Julia Constancia Burgos García, fue la primera de 13 hermanos en ir a la universidad, cursando estudios en la Universidad de Puerto Rico y en la Universidad de La Habana. Julia abogó muchísimo por la independencia de Puerto Rico. Fue secretaria de Las Hijas de la Libertad, una rama femenina del Partido Nacionalista Puertorriqueño liderado por Pedro Albizu Campos. Julia publicó dos poemarios durante su vida, y en su poesía se destacan los temas de amor romántico, amor por Puerto Rico y la liberación femenina. Con una voz rebelde y feminista escribió obras que iban en contra de la norma de la sociedad y los convencionalismos de su época. Luego de una larga batalla con el alcoholismo, la depresión, y amores y desamores, Julia murió a los 39 años luego de desplomarse en una calle en la ciudad de Nueva York y sufrir pulmonía severa. Nadie reclamó su cuerpo y la ciudad la enterró bajo el nombre de Jane Doe. Tiempo después, amigos y familiares lograron trasladar su cuerpo a Puerto Rico donde fue solemnemente enterrada en Carolina.

orn in the town of Carolina, Julia Constancia Burgos García, was the first of thirteen siblings to go to college, enrolling in the University of Puerto Rico and the University of Havana. Julia advocated strongly for the independence of Puerto Rico and was secretary of Las Hijas de la Libertad, the female branch of the Puerto Rican Nationalist Party led by Pedro Albizu Campos. Julia published two poetry books during her life, and in her poems, you can appreciate themes such as romantic love, love for Puerto Rico and female liberation. With a rebellious and feminist voice, she wrote poems that defied the societal norms of her time. After a long battle with alcoholism, depression and unrequited loves, Julia died at the age of 39 after collapsing on a street in New York City and suffering severe pneumonia. No one claimed her body and the city buried her under the name of "Jane Doe". Some time later, friends and family managed to move her body back to Puerto Rico where she was solemnly buried in Carolina.

LAS NIETAS DE NONÓ
LYDELA 1979 -
MICHEL 1982 -

*E*n la casa de sus abuelos, metida entre el campo y el barrio San Antón en Carolina, las hermanas Lydela y Michel tienen su refugio del mundo exterior. En el espacio que llaman Patio Taller, puedes encontrar pieles de lagartos colgando, frascos con sustancias fermentadas, y objetos curiosos junto a obras de arte y libros. Patio Taller no es solo su casa, también es un centro comunitario, teatro, cocina, jardín, y espacio para actividades culturales. Las artistas, cuyo arte se enfoca en el performance con crítica social, han exhibido en Puerto Rico, República Dominicana, Haití, Cuba, Estados Unidos y en Inglaterra. Su trabajo, mayormente autobiográfico, mezcla el teatro, la danza, el arte plástico, y el activismo. En piezas como "Ilustraciones de la mecánica", Las nietas de Nonó buscan exponer las injusticias que sufren las personas negras a manos de instituciones sociales y gubernamentales: desde violencia médica hasta el desahucio injusto de comunidades pobres y negras. Las Nietas de Nonó son de las performeras más interesantes en la escena artística actual, y han ganado tanto premios y becas como ha presentado en una exhibición curada por el museo Whitney de Nueva York.

*I*n their grandfather's house, hidden away between the rural area and the San Antón barrio in Carolina, sisters Lydela and Michel have their little refuge from the outside world. In the space they call Patio Taller you can find crocodile skin hanging from hooks, jars with fermented substances inside, and curious objects next to art and books. Patio Taller is not only a house, it's a community center, theater, kitchen, garden and a space for social gatherings and performance art. The artists, whose work focuses on performance art with social critique, have exhibited their art in Puerto Rico, Dominican Republic, Haiti, Cuba, United States and England. Their work, mostly autobiographical, mixes theater, dance, plastic art and activism. In pieces such as Ilustraciones de la mecánica, Las Nietas de Nonó try to expose the injustices that Black people suffer at the hands of social and government institutions: ranging from medical obstetric violence to the unjust eviction of poor and Black communities. Las Nietas de Nonó are one of the most interesting performance artists in the art scene today and have won prizes and scholarships as well as presented in an exhibition curated by the Whitney Museum in New York.

LOLA RODRÍGUEZ DE TIÓ

1843-1924

Dolores Rodríguez, mejor conocida como Lola Rodríguez de Tió, nació en San Germán y dedicó su vida a la lucha por la libertad de los pueblos latinoamericanos, en especial su querido Puerto Rico. Fue una poeta, periodista, activista, revolucionaria, y una de las principales figuras de la literatura y de la vida política de Puerto Rico. Durante la insurrección del Grito de Lares, Lola Rodríguez de Tió fue un gran apoyo de la lucha y escribió la versión revolucionaria de nuestro himno patrio. Por sus ideas revolucionarios, fue desterrada y vivió varios años en Cuba y Venezuela. Ahí también colaboró con los movimientos de independencia, incluso llegando a ser secretaria del Club Caridad, dedicado a ayudar a los combatientes cubanos que luchaban en contra del régimen español. Además de su activismo independentista, Lola Rodríguez abogó por los derechos de las mujeres y la abolición de la esclavitud. En 1899 se radicó en Cuba, donde murió en el 1924. Cuba fue su segunda patria, y le dedicó su libro *Mi libro de Cuba* en 1893, donde se encuentran las famosas palabras de *A Cuba*, muchas veces erróneamente atribuidas a José Martí:

...Cuba y Puerto Rico son / de un pájaro las dos alas, /
reciben flores o balas / sobre un mismo corazón...

Dolores Rodríguez, also known as Lola Rodríguez de Tió, was born in San Germán and dedicated her life to the fight for the independence of Latin American countries, especially her beloved Puerto Rico. She was a poet, journalist, activist, revolutionary, and one of the principal figures in Puerto Rican literature and politics. During the Grito de Lares insurrection, Lola Rodríguez de Tió was of great help to the cause and wrote the revolutionary version of our national anthem. Because of her revolutionary ideas, she was exiled to Cuba and Venezuela, where she lived for many years. There she collaborated with the countries' independence movements, even being Secretary of Club Caridad, dedicated to helping Cuban combatants that fought against the Spanish regime. Besides her activism, Lola Rodríguez advocated for the rights of women and the abolishment of slavery. In 1899 she settled in Cuba, where she dies in 1924. Cuba was her second homeland, to whom she dedicated her book Mi libro de Cuba in 1893, where you can find the famous words, wrongly attributed to José Martí:

*···Cuba and Puerto Rico are / of one bird, its two wings /
Receiving flowers and bullets / Over one same heart...*

DOLORES "LOLITA" LEBRÓN SOTOMAYOR

1919-2010

U n 1ro de marzo de 1954, Lolita Lebrón y un grupo de nacionalistas, irrumpieron en la Cámara de Representantes de Estados Unidos con armas de fuego. Lolita sacó la bandera mono-estrellada, gritó: ¡Viva Puerto Rico Libre!", y se abrió fuego contra el cuerpo de representantes. Cuando fue arrestada, Lolita Lebrón dijo "¡Yo no vine a matar a nadie, yo vine a morir por Puerto Rico!". Ese día se hizo historia. Nacida en el pueblo de Lares en el año 1919, es un símbolo nacionalista y un ejemplo de la larga historia de mujeres que han luchado con todo por este país. Lolita cumplió 24 años de cárcel por los actos cometidos, pero fue liberada por un indulto del presidente Jimmy Carter. Al salir en libertad, Lolita continuó luchando por su patria, y participó de numerosas manifestaciones como la protesta contra la Marina de Vieques en el 2001. Falleció en el 2010 y nunca se arrepintió de lo que hizo, diciendo haber estado orgullosa de "responder al llamado de su patria".

O n March 1st, 1954, Lolita Lebrón and a group of Puerto Rican nationalists, entered the federal House of Representatives in Washington, D.C armed with guns. Lolita unraveled the Puerto Rican flag and yelled: "¡Viva Puerto Rico Libre!", and the group opened fire in the building. Upon her arrest, Lolita Lebrón said: "I didn't come here to kill anyone, I came here to die for Puerto Rico!". That day history was made. Born in Lares in 1919, Lolita is a nationalist symbol and an example of the long history of women who have fought fiercely for this country. Lolita served 24 years in prison for the attacks but was pardoned by President Jimmy Carter. When she was released from jail, Lolita continued to fight for her country and participated in numerous protests such as the one against the U.S. Marine in Vieques in 2001. She died in 2010 and until the end maintained her pride on the events against the House of Representatives saying she was proud of having "answered her country's call for justice".

"VIVA PUERTO RICO LIBRE"

LUCECITA BENÍTEZ

1942-

*L*ucecita Benítez, nacida en Bayamón y conocida como "La voz nacional de Puerto Rico", ha tenido una carrera incomparable desde que debutó en 1964, llenando conciertos y cautivando el corazón de millones de puertorriqueños. Lucecita Benítez fue una de las representantes del movimiento de artistas La Nueva Ola, quienes fueron descubiertos o manejados por el influyente Alfred D. Herger. A través de los años, Lucecita ocupó primeros lugares en emisoras radiales en Puerto Rico y República Dominicana. También cosechó relaciones profesionales con grandes cantantes como Chucho Avellanet, y tuvo su propio programa televisivo donde se presentaron artistas como Sandro, Joan Manuel Serrat y Sammy Davis, Jr. En la actualidad, Lucecita no da señales de detenerse, celebrando su más reciente concierto en el Coliseo de Puerto Rico en septiembre de 2019.

*L*ucecita Benítez, born in Bayamón and known as "The National Voice of Puerto Rico", has had an incomparable career since she debuted in 1964, selling out concerts and captivating the hearts of millions of Puerto Ricans. Lucecita Benítez was one of the singers of the artists' movement of "La Nueva Ola" whom were discovered or managed by the influential Alfred D. Herger. Throughout the years, Lucecita occupied the top slots in radio programs in Puerto Rico and the Dominican Republic. She also cultivated professional relationships with great singers like Chucho Avellanet and had her own TV show where artists like Sandro, Joan Manuel Serrat and Sammy Davis, Jr. appeared. Today, Lucecita shows no signs of stopping, celebrating her most recent concert in the Coliseo de Puerto Rico in September of 2019.

La voz nacional

LUISA CAPETILLO

1879-1922

*L*uisa Capetillo fue una mujer que siempre tuvo los pantalones bien puestos. ¡En todo sentido! Luisa fue una anarquista y de las primeras mujeres en abogar por el feminismo en Puerto Rico. Comenzó su trabajo político en las fábricas tabacaleras donde laboraba y además fungía como lectora para sus compañeros de trabajo. Se unió a la Federación de Trabajadores Libres de Puerto Rico y viajó por la isla educando y organizando a trabajadores tabacaleros y de la industria de la caña a favor de las ideas socialistas. Más allá, siempre tuvo claro su independencia como mujer, y en 1915, fue la primera mujer en salir a la calle en pantalones, acto por la cual fue arrestada por "escándalo público". Luisa Capetillo tuvo cinco hijos sin casarse, fue partidaria del amor libre y promovía el vegetarianismo y el espiritismo. Se considera socialista y de la "escuela racionalista". Defendía su postura diciendo: "Socialista soy porque aspiro a que todos los adelantos, descubrimientos e invenciones establecidos pertenezcan a todos. Que se establezca su socialización sin privilegios algunos. La mujer debe de cambiar de situación cueste lo que cueste."

*L*uisa Capetillo was a woman who always "wore the pants" in her life, in every sense of the phrase! Luisa was an anarchist and one of the first women to advocate for feminism in Puerto Rico. She started her political work in the tobacco factories where she worked and where she was also a reader for her coworkers. She joined the Free Workers' Federation of Puerto Rico and traveled around the island educating and organizing tobacco and sugar cane workers on the socialist ideals. Moreover, she was always clear on her independence as a woman, and in 1915, was the first one to appear in public wearing trousers, an act for which she was arrested. Luisa Capetillo had five children out of wedlock, was in favor of free love, and promoted vegetarianism and spiritualism. She considered herself a socialist and of the Rationalist school. She defended her views saying: "I'm a socialist because I aspire that all progress, discoveries and inventions belong to everyone. That it becomes established their socialization without any privileges whatsoever... Women must change her situation at all costs."

LUZ MARÍA UMPIERRE HERRERA

1947-

E n el 1974, a los pocos años de comenzar a trabajar como maestra de Español en un colegio de niñas, Luz María ("Luzma") Umpierre Herrera decidió que el ambiente de discriminación que vivía como mujer abiertamente lesbiana en Puerto Rico era muy difícil y se marchó para los Estados Unidos. Sin embargo, el ser una mujer lesbiana y latina en los Estados Unidos resultó ser una vida de prejuicios aún más retadora. Sus vivencias la inspiraron a ser una activista vocal a favor de diversos temas y a publicar poemarios que tocaban los temas de lucha social, inequidad, la experiencia del inmigrante y la comunidad LGBTTQ+, entre otros. A pesar del prejuicio que enfrentaba, Luzma logró ser la primera persona puertorriqueña en ser nombrada catedrática al Departamento de Español y Portugués de la Universidad de Rutgers. Como catedrática creó los primeros cursos de Cultura y Literatura Caribeña en Rutgers y el primer curso sobre Latinas en los Estados Unidos en todo el país. Sin embargo, su inclusión de textos escritos por autores queer resultó en la suspensión de su docencia de Rutgers. Esta censura simplemente reforzó su dedicación al activismo a favor de los derechos LGBTTQ+.

I n 1974, shortly after starting to work as a Spanish teacher at an all-girls school, Luz María ("Luzma") Umpierre Herrera, decided to move to the United States due to the discrimination she faced as an openly lesbian woman living in Puerto Rico. However, life as a Latina lesbian in the United States posed its own set of challenges. Her experiences inspired her to become an activist and a poet. Her work touched upon issues of social justice, inequality, the immigrant experience, and the LGBTTQ+ community. She was the first Puerto Rican professor at Rutgers University's Department of Spanish and Portuguese. As a professor, she developed the first courses on Caribbean Literature and Culture and on Latinas in the United States that were taught at the University. She was later censored by Rutgers University for teaching the works of queer writers. This act of censorship only strengthened her commitment to the fight for equal rights for the LGBTTQ+ community.

MARGOT ARCE DE VÁZQUEZ
1904-1990

$\mathcal{E}$l don de la escritura comenzó a presentarse en Margot Arce de Vázquez desde que era una joven estudiante de escuela intermedia. Su talento y esmero la llevaron a obtener un doctorado en filosofía y letras de la Universidad Complutense de Madrid y con el tiempo se convirtió en una gran escritora, reconocida por la rigurosidad de su investigación y la profundidad dedicada al tema de identidad puertorriqueña. La postura de Margot era que un pueblo libre es un pueblo que aprecia su cultura y la literatura porque éstas son una parte íntegra del país. Margot formó parte de la reconocida Generación del 30 de escritores puertorriqueños, compartiendo e intercambiando ideas con escritores como Vicente Geigel Polanco, Nilita Vientós Gastón y Luis Palés Matos. También fue miembro fundador de la Academia Puertorriqueña de la Lengua Española. A través de su vida, el amor por las letras y por su patria la llevó a convertirse en la fuerza detrás de toda una generación de escritores puertorriqueños que elevaron la literatura de la isla a un lugar de distinción entre las demás letras hispanoamericanas.

margot Arce de Vazquez' gift for writing began to show when she was a middle school student, and her talent and devotion led her to eventually obtain a Ph.D. in Philosophy and Letters from the Complutense University of Madrid. With time, it allowed her to become a distinguished writer, renowned for the rigor of her investigative work and the depth dedicated to Puerto Rican identity. Margot's stance was that a free country was one that appreciates their culture and consequently, their literature, because it was an essential aspect of the country itself. She was part of the celebrated Generación del 30 (Generation 30) of Puerto Rican writers who shared as well as exchanged ideas between them, like Vicente Geigel Polanco, Nilita Vientos Gastón and Luis Palés Matos. Margot was also a founding member of the Puerto Rican Academy of the Spanish Language. Throughout her life, her love of literature and of her country made her the force behind an entire generation of writers who distinguished Puerto Rican Literature alongside fellow Hispanic Americans.

MARÍA LIBERTAD GÓMEZ GARRIGA
1898-1961

Descendiente de una esclava y un militar español, María Trinidad Gómez Garriga nació y creció en Utuado. Su padre comenzó a llamarle María Libertad porque fue bautizada en el aniversario del día de la abolición de la esclavitud. María Libertad fue maestra, fundó un banco para mujeres llamado el Banco Progreso Financiero, y creó la primera cooperativa tabacalera en la isla. Tuvo una posición de liderato dentro del Partido Liberal de Puerto Rico y en 1938 jugó un rol activo en la creación del Partido Popular Democrático (PPD). Durante toda su carrera política sostuvo una relación de confianza con el líder del partido, Luis Muñoz Marín. En 1940 se convirtió en la primera mujer electa a la Cámara de Representantes representando el PPD. Su ahínco por la política y su reputación de fajona, estricta y rigurosa le ganaron el respeto de sus colegas y en 1952 fue la única mujer nombrada como delegada a la Convención Constituyente, incluso fue electa a la vicepresidencia. La lealtad a su pueblo natal, su amor por la agricultura y su conciencia de género quedaron plasmados en los proyectos de ley que radicó en pro de la mujer, la agricultura y la educación a lo largo de su carrera política.

Descendant of a slave mother and a Spanish soldier father, María Trinidad Gómez Garriga was born and raised in Utuado. Her father first started calling her María Libertad because she was baptized on the anniversary of the day slavery was abolished. María Libertad was a teacher, founded a bank for women called Banco Progreso Financiero, and created the first tobacco cooperative on the island. She held a position of leadership in the Liberal Party of Puerto Rico and in 1938 played an active role in the creation of the Popular Democratic Party (PPD). During her entire political career, she kept a close relationship with the party leader Luis Muñoz Marín. In 1940 she became the first woman to be elected to the House of Representatives representing the PPD. Her passion for politics and her reputation as hard-working, strict and rigorous, won her the respect of her colleagues, and in 1952 she was the only woman named as a delegate in the Constituent Convention, even being elected as vice president. Her loyalty to her hometown, her love for agriculture and her gender awareness were reflected in the bills she wrote in favor of women, agriculture and education throughout her political career.

MARÍA LUISA ARCELAY DE LA ROSA
1893-1991

Para María Luisa Arcelay de la Rosa, igual que para muchas mujeres jóvenes de principios del siglo veinte, la docencia resultaba ser de las únicas opciones que tenían para alcanzar libertad económica. Al graduarse de la Escuela Normal de la Universidad de Puerto Rico, María Luisa trabajó de maestra de inglés en su pueblo de Mayagüez. En búsqueda de otras opciones profesionales, y reconociendo un área de oportunidad y crecimiento en la industria de la aguja, María Luisa y su amiga Lorenza Carrero abrieron una tienda de costura que llegó a ser una fábrica que empleó más de 400 personas. Para las elecciones de 1932, las primeras elecciones en las cuales mujeres ejercerían su derecho al voto, un grupo de empresarios del Partido Republicano instó a María Luisa a postularse para representante del distrito de Mayagüez. María Luisa aceptó y resultó ser la primera mujer electa a la legislatura en todo Puerto Rico y América Latina.

For María Luisa Arcelay de la Rosa, just like many young women at the beginning of the 20th century, a teaching career was one of the few options women had to achieve financial independence. After graduating from the Normal School of the University of Puerto Rico, María Luisa worked as an English teacher in her hometown of Mayagüez. Searching for other professions and recognizing an area for opportunity and growth in the sewing industry, María Luisa and her friend Lorenza Carrero opened a sewing shop that grew to become a factory that employed over 400 people. For the 1932 elections, the first elections where women exercised their right to vote, a group of businesspeople from the Republican Party urged María Luisa to run for representative of the Mayagüez district. With the condition that she would have her own judgment and not be forced to display certain views, María Luisa accepted and became the first woman to be elected to the legislature in Puerto Rico and Latin America.

MARÍA DE LAS MERCEDES
BARBUDO Y CORONADO
1773-1849

Hija de un oficial español, María de las Mercedes tuvo la oportunidad de aprender a leer y escribir durante una época en la que la mayoría de la población puertorriqueña no tenía acceso a una educación. De joven, Mercedes montó una tienda de materiales de costura en San Juan y el éxito de la tienda le brindó independencia económica, lo que tampoco era común para una mujer de su época. Veía cómo el gobierno español trataba al pueblo puertorriqueño y desarrolló lo que se consideraban ideas liberales de política y sociedad. Sus opiniones la llevaron a interesarse en el movimiento libertador de Simón Bolívar en las Américas. Incluso intercambiaba correspondencia con un oficial de Bolívar donde discutían la posibilidad de la independencia de Puerto Rico del gobierno español. La evidencia de esta correspondencia establece a Mercedes como la primera mujer que luchó por la independencia de Puerto Rico. En octubre de 1825 fue detenida y llevada al Castillo San Cristóbal a ser interrogada sobre su correspondencia con las fuerzas bolivarianas. Fue acusada de espía y condenada a una prisión para mujeres en Cuba. No se conoce cómo, pero Mercedes logró escapar y llegar hasta Venezuela donde vivió en el exilio el resto de sus días.

Daughter of a Spanish officer, little María de las Mercedes had the opportunity to learn to read and write at a time when most Puerto Ricans did not have access to education. As a young woman, Mercedes opened a sewing supplies shop in San Juan and the store's success gave her economic independence, which was very rare for women of her time. She saw how the Spanish government mistreated Puerto Ricans and she developed liberal political and social ideologies and became interested in Simón Bolivar's liberation movement in Latin America. She even corresponded frequently with an officer in Bolivar's army and they discussed the possibility of Puerto Rico becoming independent from Spain. These letters are evidence that Mercedes was the first woman who fought for Puerto Rican independence. In October 1825 she was arrested and taken to the San Cristobal Fort to be interrogated about her correspondence with the Bolivarian forces. She was accused of spying and sent to a women's prison in Cuba. No one knows how, but she managed to escape and make it to Venezuela where she spent the rest of her life in exile.

aría Pérez lleva años representando a Puerto Rico a nivel mundial en el deporte de judo, y en las más 38 competencias en las que ha participado, le ha otorgado medallas de bronce, plata y oro a nuestra Isla. Actualmente es considerada de las mejores judokas en el mundo y ocupa la posición número 7 en la clasificación mundial. María compitió en los Juegos Olímpicos del 2016 en Río de Janeiro por primera vez, en la categoría femenina de -70kg. Ha ganado dos medallas de bronce en dos Juegos Panamericanos, ganó la medalla de plata en el Campeonato Mundial de Judo del 2017, y se coronó como la campeona del Campeonato Panamericano de Mayores en el 2019. A pesar de su indudable categoría de élite como atleta, para María ha sido muy difícil conseguir auspicios para continuar su trabajo representando a Puerto Rico. Luego de ganar la presea de plata en el Mundial de Judo, María esperaba conseguir auspicios, pero nada llegó. Luego de expresar su frustración y pedir auspicios por varias entrevistas a periódicos del país, una empresa de automóviles puertorriqueña se ofreció a auspiciarla en su camino hacia los Panamericanos 2019 y las Olimpiadas de Tokio 2020, donde se espera que brille en su ejecución y le siga trayendo a Puerto Rico honor en el deporte del judo.

aría Pérez has been representing Puerto Rico on the world stage in the sport of judo for years, and in the more than 38 competitions in which she has participated, she has won bronze, silver, and gold medals for our island. She is currently considered one of the best judokas in the world and occupies the 7th position in the world ranking. María competed in the 2016 Olympics in Rio de Janeiro for the first time, in the female -70kg category. She has won two bronze medals in two Pan American Games, won the silver medal in the 2017 Judo World Championship, and was crowned the winner in the Pan American Championships in 2019. Despite her unquestionable elite category as an athlete, it has been difficult for María to find sponsors to support her work representing Puerto Rico. After winning the silver medal in the World Championship, María thought she would finally get some sponsors, but no one came forward. After expressing her frustration and publicly requesting sponsors in various local newspapers, a Puerto Rican automobile company offered to sponsor her in her journey to the 2019 Pan American Games and the Tokyo 2020 Olympics, where she's expected to shine and continue honoring Puerto Rico in the sport of judo.

MARIANA BRACETTI
1825-1903

mariana Bracetti, nacida en Añasco, corría peligro de ser olvidada. Sabemos quién fue y su rol en nuestra historia gracias a la obra de Luis Lloréns Torres y Cesáreo Rosa-Nieves, quienes contaron su historia. Para principios de los 1800s, Mariana Bracetti se casó con uno de los hermanos Rojas, revolucionarios venezolanos que emigraron a Puerto Rico y contribuyeron en la lucha independentista de Puerto Rico. Mariana Bracetti fue consejera personal de Manuel Rojas, su cuñado, en cuanto a la toma de decisiones de la junta revolucionario de Centro Bravo en Lares. Mariana se involucró mucho en el movimiento revolucionario, para entonces encabezado por la figura de Ramón Emeterio Betances, quien le dio la tarea de bordar la icónica bandera revolucionaria y por la cual recibió el sobrenombre de "Brazo de Oro". La bandera que Mariana confeccionó se izó el 23 de septiembre de 1868 en el Grito de Lares, donde se declaró la independencia de la República de Puerto Rico. Luego de que esta insurrección fracasara, Mariana y los demás revolucionarios fueron encarcelados. Mariana fue liberada de prisión por amnistía del gobierno español en 1869 y vivió por el resto de sus días en su pueblo de Añasco.

mariana Bracetti, born in Añasco, was in danger of being forgotten. We know who she was and the role she had in our history thanks to the work of Luis Lloréns Torres and Cesáreo Rosa-Nieves, who told her story. Around the first half of the 19th century, Mariana Bracetti married one of the Rojas brothers, two Venezuelan revolutionaries who came to Puerto Rico and contributed to Puerto Rico's fight for independence. Mariana Bracetti was personal advisor to Manuel Rojas, her brother-in-law, regarding decisions made in the revolutionary junta of Centro Bravo in Lares. Mariana got involved in the revolutionary movement, by then led by the figure of Ramón Emeterio Betances, who gave her the task of sewing the iconic revolutionary flag and for which she earned the nickname Brazo de Oro, or Arm of Gold. The flag that Mariana crafted was raised on September 23, 1868 during the Lares Revolt, where the independence of the Republic of Puerto Rico was declared. After the insurrection failed, Mariana and the other revolutionaries were jailed. Mariana was liberated by a pardon from the Spanish government in 1869 and lived the rest of her days in her hometown of Añasco.

MAYRA SANTOS-FEBRES
1966-

mayra es una escritora, poeta, novelista, ensayista, crítica literaria y profesora de literatura. Mayra siempre tuvo afinidad por la escritura, una actividad que hacía a causa de su asma, lo cual no la dejaba "trepar los árboles y correr bicicleta como los otros niños del vecindario". A los 15 años, la única maestra en su escuela que no era monja, la incitó a que considerara seriamente su escritura. Luego de obtener un Bachillerato de la Universidad de Puerto Rico, hizo su maestría y PhD en la Universidad de Cornell. Mayra es una ferviente defensora de las causas justas y los marginados y rechazados de la sociedad, además de ser una activista anti-racismo. Estas convicciones salen a relucir en todas y cada una de sus obras literarias. En sus escritos reivindica la libertad sexual y personal de la mujer, los derechos de las comunidades homosexual y negra, y la esencia del puertorriqueño como caribeño y antillano. Mayra ganó el premio Letras de Oro por su colección de cuentos Pez de vidrio, cuyo cuento "Oso blanco" mereció el importante Premio Juan Rulfo en 1996. Su primera novela Sirena Selena vestida de pena quedó como finalista del Premio Rómulo Gallegos en 2001.

*m*ayra is a writer, poet, novelist, essayist, literary critic and literature professor. Mayra always had an affinity for the written word, an activity she practiced because of her asthma, which impeded her from "climbing trees and riding bikes like the other kids in the neighborhood". At 15, the only teacher at her school who was not a nun encouraged her to seriously consider her work as a writer. After obtaining her B.A. from the University of Puerto Rico, she did her Master's and Ph.D. at Cornell University. Mayra is a fervent advocate of many just causes and marginalized peoples and is an anti-racism activist. These convictions are evident in each and every one of her literary works. In her writings, she revendicates women's personal and sexual liberty, the rights of the Black and queer communities, and the essence of the Puerto Rican individual as Caribbean and Antillean. Mayra won the Letras de Oro prize for her collection of short stories Urban Oracles (Pez de vidrio in Spanish), whose story "White Bear" won her the important Juan Rulfo Prize in 1996. Her first novel Sirena Selena vestida de pena was a finalist for the 2011 Rómulo Gallegos Prize.

MIRIAM NAVEIRA MERLY
1934-2018

*L*a joven Miriam Naveira Merly, nacida en Santurce, comenzó sus estudios universitarios en el área de las ciencias, específicamente el estudio de la química. Sin embargo, al terminar su bachillerato decidió cambiar su rumbo académico y regresó a su isla para cursar estudios en Derecho en la Universidad de Puerto Rico. Tanto le interesaba aprender y dominar esa rama de estudios, que luego de graduarse de Derecho de la Universidad de Puerto Rico, realizó una maestría en Derecho en el estado de Nueva York y luego realizó estudios postgraduados en Holanda. Siempre trabajó dentro de la rama judicial del gobierno de Puerto Rico y su tiempo como abogada estuvo marcado por grandes logros para todas las abogadas y juezas del país. Miriam fue la primera mujer en ocupar la posición de Secretaria Auxiliar de Justicia, luego la primera mujer en ocupar la posición de Procuradora General de Puerto Rico, la primera mujer en ocupar el cargo de Jueza Auxiliar del Tribunal Supremo de Puerto Rico, y la primera Jueza Presidenta de este tribunal. Sin duda alguna Miriam ha servido y continuará sirviendo como fuente de inspiración y perseverancia para todas las niñas, jóvenes y mujeres que buscan crear nuevos caminos dentro del Derecho.

*B*orn in Santurce, young Miriam Naveira Merly began studying sciences at university, specifically chemistry. However, once she finished her bachelor's degree, she decided to switch academic gears and she returned to Puerto Rico to study Law at the University of Puerto Rico. She was so interested in deepening her knowledge of this field that once she graduated from the University of Puerto Rico, she pursued postgraduate studies in New York and in the Netherlands. She worked for the judicial branch in Puerto Rico and, as a lawyer, she accomplished great things on behalf of all the lawyers and judges in the country. Miriam was the first woman to be Deputy Secretary of Justice, Attorney General, Supreme Court Justice and Chief Justice of the Supreme Court in Puerto Rico. Without a doubt, Miriam has been an inspiration and an example of perseverance for all girls and women that wish to pursue careers in Law.

MODESTA DÍAZ SEGARRA

1909-1996

¿Sabías que la primera mujer en ser alcalde de un pueblo en Puerto Rico tenía apenas veintitrés años de edad? Se llamaba Modesta Díaz Segarra y en 1932 fue nombrada alcaldesa de su pueblo natal de Hormigueros cuando el alcalde renunció a su posición. Aunque no fue alcaldesa por voto popular sino por nombramiento, y ocupó el cargo de modo interino, debió haber sido una joven mujer altamente capaz para haber recibido tal distinción y confianza por parte de los delegados del gobierno local. Aunque no se sabe mucho de su vida, sí sabemos que se le identificaba como una mujer feminista que creía en los derechos de los trabajadores y en el sufragio para las mujeres.

Did you know that the first woman to be mayor of a town in Puerto Rico was only twenty-three years old? Her name was Modesta Díaz Segarra and in 1932 became mayor of Hormigueros when the previous mayor resigned. Although she was not elected and only occupied this position on a temporary basis, she must have been a very well qualified woman in order to have received this distinction from the local government. We don't know a lot about her life, but we do know that identified as a feminist and she believed in worker's rights and women's right to vote.

MÓNICA PUIG

1993-

*L*uego del verano de 2016, todo puertorriqueño conoce el nombre de Mónica Puig. Celebramos junto a ella la primera medalla de oro olímpica de Puerto Rico luego de acompañarla en su travesía por los Juegos de Verano en Río de Janeiro. Se escuchó un coro de gritos de emoción en las casas. Varios salieron a la calle a festejar este logro de Mónica y el país juntos. Se hicieron caravanas en su honor donde se izaron banderas puertorriqueñas desde las ventanas. Con su arduo trabajo como tenista, Mónica ganó un oro histórico para el cual llevaba años preparándose. De abuelos catalanes, padre cubanoamericano y madre puertorriqueña, Mónica creció en Miami, Florida jugando tenis. A sus 16 años ganó la medalla de oro en los Juegos Centroamericanos y en 2015 ganó bronce en los Panamericanos. A pesar de ser una guerrera para todos los puertorriqueños, ganar en las Olimpiadas tuvo su lado duro también. Con otro acto de valor, esta vez más sutil, Mónica confesó que los tres años después de ganar la medalla de oro han sido los más difíciles de su vida. No obstante, Mónica ha logrado sobrepasar sus retos y está lista para dejarlo todo en la cancha este año.

*a*fter the events of the summer of 2016, every Puerto Rican knows the name Mónica Puig. We celebrated alongside her Puerto Rico's first Olympic gold medal after witnessing her journey in the Summer Games in Rio de Janeiro. Everyone could hear a chorus of cheers coming from every house. Many people went out on the street to celebrate together Mónica's and Puerto Rico's achievement. There were caravans in her honor of where people waved Puerto Rican flags from their cars. With her arduous work as a tennis player, Mónica won a historic goal for which she had been preparing for years. With Catalan grandparents, a Cuban American father and a Puerto Rican mother, Mónica was raised in Miami, Florida playing tennis. At 16, she won gold at the Central American Games and in 2015 won bronze in the Pan American Games. Despite being a warrior in the eyes of Puerto Ricans, winning at the Olympics had its difficult side too. In another, more subtle, act of courage, Mónica confessed that the three years after winning the gold medal have been the hardest of her life. However, Mónica has been able to surpass her obstacles, and she's ready to give it her all on the court this year.

MYRNA BÁEZ
1931-2018

i Madrid! La joven Myrna Báez llegaba a la gran capital europea en el 1951 para estudiar medicina en la Real Academia de San Fernando y convertirse en doctora. Pero estando allá comenzaba a dudar si la medicina era realmente lo que quería hacer. Su gran amor desde pequeña había sido la pintura, pero la medicina le había parecido una profesión con mayores oportunidades. Su instinto le llamaba hacia las artes y tomó la gran decisión de abandonar sus aspiraciones médicas y solicitar a la Academia de Artes de San Fernando en la misma ciudad de Madrid. En un principio la rechazaron, pero estudió y volvió a intentar y en 1953 fue aceptada para estudiar artes. Con una carrera artística que abarcó más de cuatro décadas, Myrna se estableció firmemente como una de las figuras preeminentes en el campo de las artes visuales y gráficas en Puerto Rico. Era implacable consigo misma y con sus estudiantes; exigía que las cosas se hicieran bien e imponía respeto en todo aquel que la conocía. Sus trabajos se pueden encontrar en el Museo de Arte de Puerto Rico, el Museo de Arte Moderno (MoMA) en Nueva York, el Smithsonian American Art Museum, entre otros.

m adrid! The young Myrna Báez arrived at the great European capital in 1951 to study medicine in the Royal Academy of San Fernando and become a doctor. But while she was living abroad, she began to doubt if medicine was really what she wanted to do. Her great love since childhood had been painting, but medicine seemed like a profession that offered more opportunities. Her instinct called her to the arts, and she decided to abandon her medical aspirations and to apply to the Academy of Arts of San Fernando, also in Madrid. On her first try, she was rejected, but she studied and tried again and in 1953 was accepted to study art. With an artistic career that spanned more than four decades, Myrna firmly established herself as one of the preeminent figures in the area of visual and graphic arts in Puerto Rico. She was relentless with herself and her students; she demanded that things were made well and imposed a sense of respect on anyone who met her. Her works can be found in the Museum of Art of Puerto Rico, the Museum of Modern Art (MoMA) in New York, and the Smithsonian American Art Museum, among others.

116

MYRNA PAGÁN

En el 1971, la joven Myrna era una cantante de jazz en clubes de música en San Juan y Charlie Connelly era un periodista, anterior soldado del ejército estadounidense trabajando para un periódico local. Ambos estaban cansados de la vida cotidiana y buscaban un escape cuando Charlie la invitó a irse a vivir con él a la isla municipio de Vieques. Él había entrenado como soldado en Vieques y lo recordaba como un lugar idílico. Juntos se mudaron a la isla e inmediatamente se enamoraron de sus playas y paisajes y sabían que querían vivir allí y criar a sus hijos en aquel lugar. Rápidamente formaron parte del movimiento de resistencia en contra de la presencia de la Marina estadounidense en la isla, cuyos bombardeos muchos culpan por la crisis de salud que existía entre los residentes. Myrna fue una organizadora clave de las protestas y los campamentos en contra de la Marina y luego de su salida de Vieques se ha mantenido como una activista vocal y contundente en defensa del derecho a una vida digna y saludable para los viequenses.

In 1971, a young Myrna Pagán worked as a jazz singer at various music clubs all over San Juan, and Charlie Connelly was a journalist and former army soldier working for a local newspaper. Both were tired of their boring day-to-day lives and were looking for an escape when Charlie invited Myrna to come live with him in the island municipality of Vieques. He had trained as a soldier in Vieques and he remembered it as an idyllic place. Together they moved to the island and immediately fell in love with its beaches and views. They knew right then they wanted to live and raise their children there. They quickly formed part of the resistance movement against the U.S. Navy on the island, whose bombing many blame for the health crisis that existed among the residents. Myrna was a key organizer in the protests and the camps against the Navy, and after its departure from Vieques, she stayed a vocal activist in defense of a dignified and healthy life for all viequenses.

MYRTA SILVA OLIVEROS
1927-1987

El talento se desbordaba de Myrta Silva desde su niñez. Con tan sólo diez años, Myrta comenzó a cantar en el teatro de su pueblo, Arecibo. Su mamá, asombrada con la voz de su hija, decidió trasladarlas a Nueva York donde Myrta rápidamente encontró trabajo en teatros hispanos y programas de radio. Su voz cautivaba a todos quienes la escuchaban. Durante su adolescencia, viajó por todo Puerto Rico y partes de América Latina con el grupo musical del compositor Rafael Hernández. Aparte de cantar, Myrta tenía un don para la percusión. Sus destrezas para tocar maracas, tumbadora y bongó la llevaron a ser la primera mujer certificada como timbalera por una unión de músicos en los Estados Unidos. Completando su perfil de artista polifacética, en su adolescencia Myrta también comenzó su carrera como compositora, escribiendo un sinnúmero de boleros que fueron interpretados por muchos artistas de la época. Su carrera tuvo una marca imborrable en la cultura popular puertorriqueña y se le recuerda por su impresionante don de composición y su inolvidable tono de voz.

The talent overflowed from Myrta Silva since she was a little girl. When she was 10-years old, Myrta began singing in the theater of her hometown of Arecibo. Her mother, amazed by her daughter's voice, decided to move with her to New York, where Myrta quickly found roles in Hispanic theaters and radio programs. Her voice captivated any and all who listened to her. During her teenage years she traveled all over Puerto Rico and parts of Latin America with the musical group helmed by the singer-songwriter Rafael Hernández. Besides singing, Myrta had a natural born talent for percussion. Her skills in maracas, conga drum, and bongos led her to become the first woman to be certified as cymbal player by a musicians' union in the United States. To complete her profile as a multifaceted artist, Myrna began her composing career, writing boleros that were interpreted by many artists of the time. Her career left a permanent mark in Puerto Rican popular culture and she's remembered because of her impressive composing talents and her unforgettable tone of voice.

120

NILITA VIENTÓS GASTÓN
1903-1989

Cuando Nilita tenía apenas tres años, su familia se mudó a Cuba, donde pasó la mayor parte de su infancia. Luego de Cuba, la familia de Nilita se mudó a la ciudad de Nueva York. Regresaron a Puerto Rico a tiempo para que Nilita cursara sus estudios en Derecho en la Universidad de Puerto Rico. Uno de los temas que más apasionaba a Nilita era la defensa del uso del Español en las instituciones del país. Podía observar cómo el gobierno de los Estados Unidos intentaba imponer el inglés como idioma oficial en Puerto Rico y le preocupaba este intento de borrar una parte esencial de la cultura puertorriqueña. Fue fundadora de dos revistas literarias que utilizó para destacar las obras de jóvenes escritores puertorriqueños a través de América Latina y fue miembro fundador del Ateneo Puertorriqueño e, incluso, la primera mujer en presidirlo. Su gran sentido de convicción también fue un factor importante en su carrera exitosa como procuradora auxiliar del Departamento de Justicia, siendo una vez más la primera mujer en ocupar este puesto. Regía su vida por tres virtudes: "Inconformidad con todo lo que debe mejorarse. Disidencia con todo lo que ofenda la dignidad humana y deba cambiarse. Entusiasmo sin límites para luchar por los inconformes y los disidentes."

When Nilita was barely three years old, her family moved to Cuba, where she spent most of her childhood. After Cuba, Nilita's family moved to New York City. They returned to Puerto Rico just in time for Nilita to start her law degree at the University of Puerto Rico. One of the issues Nilita felt most passionate about was defending the use of Spanish in the country's institutions. She could observe how the United States' government tried to impose English as the official language in Puerto Rico, and that attempt to erase an essential part of Puerto Rican culture worried her. She was the founder of two literary magazines that she used to showcase the work of young Puerto Rican writers all over Latin America. She was a member of the Ateneo Puertorriqueño, becoming its first female president. Her great sense of conviction was also an important factor in her successful career as auxiliary attorney at the Department of Justice, once more being the first woman to occupy this position. Her life was ruled by three virtues: Non-conformity with anything that must be improved. Dissidence with anything that offends human dignity and should be changed. Limitless enthusiasm to fight for the non-conformists and the dissidents.

122

NORMA SALAZAR
¿?-2014

*C*uando era joven, Norma Salazar Rivera estaba disfrutando de una fiesta en un hotel de su pueblo de Ponce cuando de repente el sonido de los barriles de bomba cambió su vida por siempre. Su deseo de aprender más sobre esta música la llevó a convertirse en una estudiante ávida del género y en su entusiasmo por dar a conocer la bomba y la plena por toda la isla creó un grupo musical, Kaffir, que combinaba la poesía afrocaribeña con la bomba y la plena. Llevó sus presentaciones de cultura antillana a distintos lugares del mundo incluyendo los Estados Unidos, Sudamérica, Cuba y España. Norma volcó sus energías trabajando por el arte y la cultura puertorriqueña, queriendo defenderlas de la amenaza de la asimilación estadounidense. Se le recuerda como una de las folcloristas más importantes del Caribe.

a young Norma Salazar Rivera was having a good time at a party in a hotel in her hometown of Ponce when suddenly the sound of drums beating to the rhythm of bomba music changed her life forever. Her desire to learn more about this music led her to become an avid student of this genre, and in her enthusiasm to popularize bomba and plena throughout the island, she created a musical group, Kaffir, which combined Afro Caribbean poetry with bomba and plena. She took her presentations of Antillean culture to different places including United States, South America, Cuba and Spain. Norma poured her energy into working for the art and culture in Puerto Rico, wanting to defend them from the threat of American assimilation. She's remembered as one of the most important folklorists in the Caribbean.

PETRA CEPEDA BRENES
1945-2018

Hija del Patriarca de la Bomba y la Plena, los ritmos de la música y el baile africano corrían por la sangre de Petra Cepeda desde mucho antes de ella nacer. Su tatarabuelo, bisabuelo, abuelo y padre todos habían practicado la bomba y la plena, pasando la tradición musical de generación en generación. Con sus diez hijas e hijos como integrantes, el papá de Petra, Rafael Cepeda, enlistó la ayuda de su mamá Caridad para crear un grupo musical de bomba y plena. Caridad les organizaba los bailes y les cosía los ajuares y Rafael era el director artístico, enseñándole a sus hijos a tocar los barriles y a sus hijas a declamar la poesía afrocaribeña y a cantar las melodías de su cultura. Fijando en su corazón todo lo que aprendía junto a su familia, Petra llegó a ser una de las declamadoras de poesías más aclamadas y embajadora y defensora de la bomba y la plena en Puerto Rico.

***D**aughter of the Patriarch of Bomba and Plena, the musical rhythms and African dances ran through Petra Cepeda's blood long before she was born. Her great-great grandfather, great-grandfather, grandfather and father had all practiced bomba and plena, passing down the musical tradition from generation to generation. With his ten daughters and sons as members, Petra's father, Rafael Cepeda, enlisted the help of his mother Caridad to create a bomba and plena musical group. Caridad choreographed the dances and sewed their costumes whilst Rafael was the artistic director, teaching his sons how to play the drums and his daughters how to recite Afro Caribbean poetry and sing the melodies of their culture. Cherishing inside her heart everything she learned alongside her family, Petra became one of the most respected bards, ambassadors and an advocate of bomba and plena in Puerto Rico.*

PURA BELPRÉ NOGUERAS
c. 1899-1982

*L*a joven Pura comenzaba sus estudios para ser maestra cuando su familia recibió la buena noticia de que su hermana, quien vivía en Nueva York, se iba a casar. El viaje de la familia a la Gran Manzana cambiaría la vida de Pura para siempre. Estando allí, se topó con que el sistema de bibliotecas públicas de la ciudad estaba reclutando bibliotecarias. Pura fue contratada como asistente hispana de la rama en Harlem y así se convirtió en la primera bibliotecaria puertorriqueña e hispana en la Ciudad de Nueva York. Su trabajo con la comunidad puertorriqueña de Harlem le demostró lo importante que era el rol de las bibliotecas y esto le inspiró a crear programas especiales dirigidos a que familias visitaran las bibliotecas y disfrutaran de los libros. Pura se dio cuenta que en las secciones de cuentos folclóricos no había libros en español que contaran las historias con las que ella había crecido en Puerto Rico. Así es que Pura se dio a la tarea de escribir. El primer cuento que escribió fue el de Pérez y Martina, una historia de amor entre una cucaracha y un ratón. Como homenaje a todas sus aportaciones como autora y bibliotecaria, en el 1996 se creó el Premio Pura Belpré de literatura; un premio anual que se otorga al autor e ilustrador latino cuyo trabajo mejor representa y celebra la cultura latina.

*Y*oung Pura was barely beginning to study to become a teacher when her family gave her the happy news that her sister, who lived in New York, was getting married. The family's trip to New York would change Pura's life forever. When she arrived, she found out that the City's public library system was recruiting librarians. Pura was hired as a Hispanic assistant in the Harlem branch, and with that she became the first Hispanic and Puerto Rican librarian in the City of New York. Her work with the Puerto Rican community in Harlem showed her the importance of the role of a library, and this inspired her to create special programs aimed at having families visit the library and enjoy the books. Pura realized that the folkloric literature section lacked books in Spanish that told the stories she grew up hearing and reading as a child in Puerto Rico. Pura gave herself the task to write a book like this, and the first one she wrote was Pérez y Martina, a love story between a cockroach and a mouse. As an homage to all her contributions as an author and librarian, in 1996 the Pura Belpré Award was created, an annual prize given to the Latina or Latino author or illustrator that best represents and celebrates Latin American culture.

REBEKAH COLBERG CABRERA
1918-1994

E l día de navidad del 1918, en Cabo Rojo nació una bebé dos meses antes de lo que se suponía. En aquel momento, eran pocos los bebés que sobrevivían al nacer tan temprano. ¿Quién se podría haber imaginado que esta bebé tan chiquita llegaría a ser una de las mejores atletas de Puerto Rico? La pequeña Rebekah Colberg vivió su vida desafiando las probabilidades, demostrándole a los demás lo fuerte que era y lo mucho que podía lograr cuando se proponía una meta. Rebekah fue la primera mujer puertorriqueña en competir y ganar una medalla en deportes femeninos a nivel internacional. Y no fue cualquier medalla, sino la de oro. Esta distinción la logró en los IV Juegos Centroamericanos y del Caribe del 1938, precisamente el primer año que se permitió la participación de mujeres en los deportes de este evento. Rebekah fue una de tres mujeres y veintinueve hombres que formaron parte del equipo que representó a Puerto Rico en el deporte de atletismo en estos Juegos. Conocida como la "Madre de los Deportes de Mujeres en Puerto Rico" por todos sus logros que sirvieron para romper barreras para las mujeres en los deportes, en el 1952 Rebekah fue nombrada al Salón de la Fama de Atletismo y al Salón de la Fama de Tenis de Puerto Rico.

O n Christmas Day 1918, a baby was born in Cabo Rojo, two months before she was supposed to. At that time, few babies born so early survived. Who would have thought that this small baby would become one of the best athletes that Puerto Rico had seen? Rebekah Colberg lived her life defying the probabilities, showing everyone how strong she was and how much she could achieve once she set her mind to something. Rebekah was the first woman to compete and win a medal in a female sports event on the international level. And not just any medal, a gold medal. This distinction was won at the 4th Central American and Caribbean Games in 1938, precisely the year that female athletes were allowed to compete in this event for the first time. Rebekah was one of three women and twenty-nine men that were part of the team that represented Puerto Rico in Track and Field in these Games. Known as the "Mother of Female Sports in Puerto Rico" because of all the achievements that helped her break the barriers for women in sports, in 1952 Rebekah was introduced to the Puerto Rican Athletic Hall of Fame and the Puerto Rican Tennis Hall of Fame.

RITA MORENO
1931-

Su nombre completo es Rosa Dolores Alverío Marcano y de pequeña le apodaban Rosita. Rita Moreno es el nombre que escogió para su carrera artística. Aunque nació en Humacao, Rita se crió en Nueva York con su mamá. Desde muy pequeña Rita demostraba un gran interés por el espectáculo y su mamá la apuntó en clases de baile. A los once ya estaba trabajando en películas y a los trece tuvo su debut en Broadway. Aunque tenía trabajo consistentemente, Rita describe su carrera artística como una llena de frustraciones pues las opciones de roles que recibía la limitaban a personajes secundarios de otras etnias que ni siquiera eran latinas. Rita ansiaba conseguir roles que le permitieran interpretar mujeres latinas de una manera digna. Su actuación en el rol de Anita en West Side Story la llevó a convertirse en la primera mujer hispana en recibir un premio Oscar. Rita describe el rol de Anita como el que le hizo finalmente poder representar la dignidad, fuerza y voluntad de toda joven mujer hispana. A pesar de todos los retos que enfrentó, Rita fue una de las primeras personas en ganar los cuatro premios artísticos más importantes de los Estados Unidos (EGOT): Emmy (1977 y 1978), Grammy (1972), Oscar (1962) y Tony (1975).

Her full name is Rosa Dolores Alverío Marcano, but she was nicknamed Rosita ever since she was a little girl. Rita Moreno is her artistic name. Even though she was born in Humacao, Rita grew up in New York with her mother. From a very young age, Rita showed a calling for the performing arts and her mother signed her up for dancing lessons. She started working in movies when she was eleven and her Broadway debut was at just thirteen years old. Even though Rita worked consistently, she describes her career as one "filled with frustrations" as the roles she was offered limited her to secondary characters, often from a different ethnicity than her own. Rita longed for roles that would allow her to represent Latinas in a dignified manner. Her performance as Anita in West Side Story led her to become the first Latina woman to win an Oscar award. Rita describes her role as Anita as the one that finally allowed her to accurately represent the strength, courage, dignity and the will of a young Hispanic woman. Despite every challenge she faced, Rita was one of the first people to win the EGOT, the four most important artistic awards in the United States: an Emmy (1977 and 1978), a Grammy (1972), an Oscar (1962), and finally, a Tony award (1975).

SILA MARÍA CALDERÓN SERRA
1942-

*L*a política local era tema de conversación frecuente en el hogar de los Calderón Serra. El papá de Sila María era partidario activo del Partido Popular Democrático de Puerto Rico y a menudo compartía su visión política con su familia. Esa afición por la política y el servicio público llevaron a Sila María a cursar estudios en ciencias políticas y administración pública. En el 1985 fue nombrada al puesto de Coordinadora de Programas de Gobierno, la primera mujer en ocupar ese puesto. De ese puesto pasó a ser Secretaria de la Gobernación y luego Secretaria de Estado. En el 1996 se convirtió en la segunda mujer en la historia de Puerto Rico en ser electa como alcaldesa del municipio de San Juan y en el 2001 se convirtió en la primera mujer en la historia de Puerto Rico en ser electa para el puesto de gobernadora. Sin duda, Sila María le sumó a las huellas colocadas en el pasado por mujeres como María Luisa Arcelay y María Libertad Gómez para continuar abriendo camino a que más mujeres participen de las posiciones de liderato dentro del gobierno de Puerto Rico para algún día poder lograr una representación equitativa que refleje la población puertorriqueña.

*L*ocal politics was a frequent topic at the Calderón Serra's household. Sila María's father was an active supporter of the Democratic Party of Puerto Rico and often shared his political vision with his family. That same devotion for politics and public service inspired Sila María to study Political Science and Public Administration. In 1985, she was named the Government's Program Coordinator, the first woman to occupy this position. From this, she went on to become the Governor's Chief of Staff and later on, Secretary of State. In 1996, she became the second woman in Puerto Rico elected as Mayor of San Juan and in 2001, she became the first woman ever to be elected as Governor of Puerto Rico. Without a doubt, Sila María's contributions joined the efforts of women like María Luisa Arcelay and María Libertad Gómez, who paved the way for women's inclusion in leadership positions within the government; in the hope that someday there would be equal representation of women in politics, one that actually mirrored the island's population.

Del partido
popular democrático

SONIA SOTOMAYOR
1954-

a la pequeña Sonia le encantaba leer y deseaba ser detective cuando fuese adulta para poderse dedicar a resolver misterios. Sin embargo, luego de ser diagnosticada con diabetes, un doctor le sugirió que quizás podía escoger otra profesión. Un día, viendo un programa de televisión, Sonia vio como un juez decidía sobre los asuntos de las personas. Ese día, a los diez años de edad, Sonia decidió ser jueza. Aunque su familia no tenía mucho dinero, su papá había fallecido y su mamá era enfermera, en la casa de Sonia nunca faltaron los libros. Su mamá quería asegurarse de que sus hijos tuvieran la mejor educación posible. Con su meta de ser jueza, Sonia se dedicó a estudiar. Sus esfuerzos rindieron frutos y estudió su bachillerato en la Universidad de Princeton, seguido por estudios de Derecho en la Universidad de Yale. Una vez terminó la educación formal que necesitaba para poder algún día convertirse en jueza, Sonia trabajó como abogada desde 1979 hasta el 1991 cuando finalmente fue nombrada por el presidente George H.W. Bush a un escaño de juez en el distrito de Nueva York. En el 2009, el presidente Barack Obama la nombró para una posición en el Tribunal Supremo de los Estados Unidos, convirtiendo a Sonia en la primera jueza latina y de origen hispano en ocupar un escaño en este tribunal.

*Y*oung Sonia loved to read and wanted to be a detective when she grew up so she could solve mysteries. After being diagnosed with diabetes at an early age, however, her doctor suggested she choose another career. One day, while watching television, Sonia saw how a judge decided over people's affairs. That same day, at ten years old, Sonia decided to become a judge. Even though her family did not have a lot of money, her father had passed away and her mother was a nurse, Sonia's house never lacked books. Her mother wanted to make sure that her children received the best education possible. With her goal of becoming a judge, Sonia dedicated herself to studying. Her efforts proved fruitful as she was able to pursue her bachelor's degree at Princeton University, followed by a Juris Doctor degree at Yale University. Having fulfilled the formal education needed to be able to become a judge, Sonia worked as a lawyer from 1979 until 1991 when she was finally officiated as a judge by President George H.W. Bush in the District of New York. In 2009, President Barack Obama named Sonia to the Supreme Court of the United States, making her the first Latina judge of Hispanic heritage to ever achieve this.

SYLVIA REXACH

1922-1961

$\mathcal{E}$sta santurcina nació con la poesía y la música por dentro. Su pasión por la vida y romanticismo la llevaron a crear escritos que trascendieron generaciones. Sus primeras composiciones de poesía, entre ellas "Flores" y "Hoy que te alejas", se remontan a sus catorce años de edad. Durante su servicio militar conoció a su primer esposo y padre de sus hijos, un militar irlandés. Al terminar la guerra, Sylvia creó Las Damiselas, el primer trío musical de mujeres en Puerto Rico. Además de escribir y tocar música, Sylvia hacía comerciales publicitarios, libretos de comedia para radio y televisión, actuaba y cantaba en programas y hasta fue columnista para el periódico Diario de Puerto Rico. Muy pocas personas de su época entendían a Sylvia, incluyendo su entonces esposo; una mujer que no quería ser ama de casa, que trabajaba haciendo espectáculos musicales no sólo fuera del hogar sino alrededor de la isla, que le gustaba salir de bohemia y tenía amistades con hombres igual que con mujeres. Pero para Sylvia, no existía otra forma de vivir. Escribir música fue su forma de contar su historia y compartirla con el mundo.

*T*his Santurcina was born with poetry and music coursing through her veins. Her passion for life and her romanticism compelled her to produce writings that transcended generations. Her first poetical compositions include Flores and Hoy que te alejas and were written when she was just fourteen years old. During her service in the military, she met her first husband and father of her children, an Irish military man. Soon after the war was over, Sylvia devised Las Damiselas, the first musical trio made up by women in Puerto Rico. Aside from writing and playing music, Sylvia produced commercials, worked in publicity, wrote comedy scripts for both radio and television channels, performed musically, acted in a diverse array of programs and even functioned as a columnist for the Diario de Puerto Rico, a local newspaper. Very few people of her time understood Sylvia, including her then husband; she had no intention of becoming a housewife, she loved performing musically not only outside of her home but throughout the entire island, she enjoyed participating in bohemias, and she developed and maintained friendships with women as well as men. She was a force of nature and she refused to conform to the standards women were held during that era. For Sylvia, there was simply no other way of living. Writing music was her way of telling her story and sharing it with the world.

SYLVIA RIVERA

1951-2002

Sylvia fue una activista trans en la Ciudad de Nueva York en las décadas de los 1960 y 1970. Desde pequeña, Sylvia no se sentía comprendida por los adultos en su vida. A los once años, decidió escapar de su hogar, donde vivía con su abuela. En su adolescencia, Sylvia se convirtió en artista del drag, vistiéndose de mujer, y llegó a considerarse una mujer transgénero, aunque no le gustaba ser catalogada dentro de un género específico. Sylvia era una activista, defensora de derechos civiles y humanos de la comunidad LGBT. Luchaba para que más nadie se sintiera tan sola e incomprendida como ella se había sentido de pequeña. Es conocida por ser una de las incitadoras de los Disturbios de Stonewall en el verano del 1969 en Nueva York. Los Disturbios fueron seis días de manifestaciones y protestas en defensa de los derechos de las personas LGBT y sirvieron para activar el movimiento de derechos de la comunidad LGBT en el resto de los Estados Unidos e incluso alrededor del mundo. Entre sus logros como activista está su rol en fundar el Frente de Liberación Gay y la Alianza de Activistas Gay, también en Nueva York.

Sylvia was a trans activist in New York City during the decades of 1960 and 1970. Since she was a little girl, Sylvia felt misunderstood by the adults in her life. At eleven years old, Sylvia became a drag artist, dressing as a woman and identifying as a transgender woman—although she didn't like to be categorized inside a specific gender. Sylvia was an activist and defender of human and civil rights of the LGBT communities. She fought so that no one felt alone and misunderstood like she had felt as a young girl. She's known as one of the inciters of the Stonewall Riots in the summer of 1969 in New York. The Riots consisted of six days of protests in defense of the rights of the LGBT communities and helped jump start the fight for LGBT rights all over the United States and the world. Some of her achievements include founding the Gay Liberation Front and the Gay Activists' Alliance, both in New York.

SOBRE LA ILUSTRADORA

MYA PAGÁN es una ilustradora puertorriqueña. Completó un bachillerato en Lenguas Extranjeras de la UPR de Río Piedras con concentración en Francés e Italiano. Además de su pasión por los idiomas, siempre le ha encantado dibujar y traducir lo que le rodea y lo que siente al papel. Actualmente trabaja como ilustradora a tiempo completo y ha trabajado con agencias como Energy BBDO, The Martin Agency y Buena Vibra.

Pueden ver más de su trabajo en su página web www.myapagan.com.

SOBRE EL EQUIPO EDITORIAL

ENERY LÓPEZ NAVARRETE de niña viajó por muchos años, todos los días, desde San Juan hasta Humacao, Puerto Rico de donde es natural. Un viaje que para muchos no es lo usual. Desde entonces, intenta explorar lo inusual y aprender de otros en el camino. Aunque es educadora hace más de diez años, su niña interior continúa jugando. Tanto así que busca formas de entretejer lo lúdico en todo lo que realiza. Escribir su segundo apellido hace a su mamá muy feliz, por lo cual se añade con gran facilidad en todo lo oficial.

MARIOLA ROSARIO PADRÓ es de Puerto Rico, pero lleva casi quince años viviendo fuera de la isla, dando vueltas, pero siempre regresando. Actualmente vive y trabaja como profesora en una pequeña universidad en Texas. Le gusta tomar fotos y hacer cosas de arte con sus amistades. Es feliz cuando camina en la naturaleza o cuando está cerca del mar. Le encantan los caballos y los manatíes.

LAURA REXACH OLIVENCIA es mamá, escritora, comoderadora de un podcast feminista y además trabaja en el campo de la filantropía. Aunque estudió muchas cosas que tienen que ver con números y negocios, su verdadera pasión siempre ha sido la literatura y cómo un buen libro puede cambiar la vida de alguien. Vive en Bayamón, Puerto Rico con su pareja, hija, hijos, dos perras y doce gallinas. En 2018 creó Editorial Destellos y publicó su primer libro, *Por ahí viene el huracán*. Sus otros títulos incluyen *Ricitos de ónix* y *Titi Chabeli*.